無聲攻勢

SILENT OFFENSIVE

贏的人從不需要喧嘩

靠智慧取勝,而不是聲量;
靠格局致勝,而非表現欲!
想要成功,先改掉你的那些高調習慣

◎不動聲色地贏,才是這時代最稀缺的能力
◎你不是不夠好,只是太急著展現自己的好
◎當你學會藏拙,世界才會開始真正看見你

林志華 著

有本事的人,往往看起來最普通
收起鋒芒,蓄勢待發,做一個真正掌控局勢的人

目錄

前言

第一章　大智若愚

　　一、真正的精明 …………………………… 012

　　二、聰明過頭，反受其害 ………………… 016

　　三、真誠是大智慧 ………………………… 020

　　四、深藏不露，一擊必中 ………………… 024

　　五、前途取決於視野 ……………………… 028

　　六、學會藏拙，別太招搖 ………………… 032

　　七、謹言慎行，少說多聽 ………………… 037

　　八、人怕出名，豬怕肥 …………………… 043

　　九、忍一時風平浪靜 ……………………… 047

　　十、做人低調，做事高效 ………………… 051

　　十一、不顯山，不露水 …………………… 055

　　十二、以柔克剛 …………………………… 059

目錄

第二章　方圓之道

一、要懂得爭取 …………………………………… 066

二、說真話的技巧 ………………………………… 069

三、懂得吃虧 ……………………………………… 072

四、巧妙展現自己 ………………………………… 076

五、化敵為友 ……………………………………… 079

六、仁慈的力量 …………………………………… 083

七、讚美的藝術 …………………………………… 086

八、言行一致 ……………………………………… 089

九、謊言也可以是善意 …………………………… 091

十、以寬容化解恩怨 ……………………………… 093

十一、巧妙地拒絕 ………………………………… 096

十二、包裝你的批評 ……………………………… 100

十三、凡事留一線 ………………………………… 103

第三章　以智取勝

一、掌握制勝關鍵點 ……………………………… 108

二、學會讚美，魅力加倍 ………………………… 111

三、善用激將法 …………………………………… 115

四、共鳴是打開對話的鑰匙 ……………………… 120

五、人情是最好的投資⋯⋯⋯⋯⋯⋯⋯⋯⋯⋯⋯⋯ 123

六、讓對話走向共識⋯⋯⋯⋯⋯⋯⋯⋯⋯⋯⋯⋯ 126

七、給予信任，收穫忠誠 ⋯⋯⋯⋯⋯⋯⋯⋯⋯⋯ 129

八、剛柔並濟的進退之道 ⋯⋯⋯⋯⋯⋯⋯⋯⋯⋯ 133

九、用道歉拆解衝突⋯⋯⋯⋯⋯⋯⋯⋯⋯⋯⋯⋯ 136

十、每個人都渴望被認可 ⋯⋯⋯⋯⋯⋯⋯⋯⋯⋯ 139

第四章　兵無常勢

一、形勢萬變，靈活應對 ⋯⋯⋯⋯⋯⋯⋯⋯⋯⋯ 146

二、管理的分寸⋯⋯⋯⋯⋯⋯⋯⋯⋯⋯⋯⋯⋯⋯ 149

三、逆境是智慧的試金石 ⋯⋯⋯⋯⋯⋯⋯⋯⋯⋯ 153

四、時機不對，努力白費 ⋯⋯⋯⋯⋯⋯⋯⋯⋯⋯ 157

五、掌握先機，領先一步 ⋯⋯⋯⋯⋯⋯⋯⋯⋯⋯ 160

六、容忍有限度⋯⋯⋯⋯⋯⋯⋯⋯⋯⋯⋯⋯⋯⋯ 164

七、保持社交靈活度⋯⋯⋯⋯⋯⋯⋯⋯⋯⋯⋯⋯ 166

八、把握時機，展現自我價值 ⋯⋯⋯⋯⋯⋯⋯⋯ 169

九、適時讓步，也是前進 ⋯⋯⋯⋯⋯⋯⋯⋯⋯⋯ 173

第五章　贏在人心

一、第一印象的重要性⋯⋯⋯⋯⋯⋯⋯⋯⋯⋯⋯ 178

二、建立連結，從名字開始 ⋯⋯⋯⋯⋯⋯⋯⋯⋯ 180

目錄

三、讓笑容替你說話 ………………………………… 183

四、廣結人緣，合作的力量 ………………………… 185

五、學習將心比心 …………………………………… 188

六、送禮不只是表面功夫 …………………………… 190

七、人格魅力，你的實力 …………………………… 193

八、讓讚美更動聽的方法 …………………………… 197

九、在需要時伸出援手 ……………………………… 200

十、知錯要能改 ……………………………………… 202

第六章　借力使力

一、懂得借力，才能走得更遠 ……………………… 208

二、別小看可以拉你一把的人 ……………………… 210

三、有風時，不划槳也能前進 ……………………… 213

四、順勢而為，扭轉局面 …………………………… 215

五、主動推銷自己 …………………………………… 219

六、乘勢而上 ………………………………………… 222

七、善用他人資源 …………………………………… 224

八、學會向外借力 …………………………………… 227

九、借力，也是你的能力 …………………………… 230

前言

在這個經濟迅速發展、知識快速更新、人際關係錯綜複雜的時代,單憑聰明才智並不足以讓你在人生舞臺上獨占鰲頭。

許多人感嘆「做人不易」,面對人性的變數與生命的無常,的確讓不少人卻步,甚至選擇退縮。但做人真的如此艱難嗎?

我們同樣身為人,擁有類似的智慧,為何在人際交往中,有些人能夠游刃有餘、如魚得水,而你卻處處碰壁、寸步難行?有些人一次又一次獲得成功,而你卻屢屢跌入挫敗的深淵?這其中的關鍵,往往在於你是否掌握了「做人手腕」。

做人不僅是一種學問,更是一門藝術。那些在人際關係中如魚得水、事業上春風得意的人,往往深諳做人之道。他們之所以能夠取得成就,不是僅僅因為聰明才智,而是因為他們掌握了人際互動的技巧,懂得靈活應對各種局勢。

從歷史長河到現代社會,不論是政壇領袖、商界翹楚,還是社會各階層的成功人士,他們無一不是善於應對人際關係、懂得運用手腕之人。這些人之所以能夠在競爭激烈的環境中脫穎而出,正是因為他們懂得如何妥善處理人際關係,如何在關鍵時刻做出最佳決策。

前言

做人首先要修身立德，唯有道德為基，才能立於不敗之地；做人也要講求規則，唯有遵循規範，才能贏得尊重；做人還需靈活變通，能夠圓融處世，處理問題時游刃有餘；此外，還需具備真正的本事，讓自己能夠憑實力競爭立足。同時，健康的體魄亦是成功的基礎，唯有身心俱佳，方能在人生路上走得長遠。做人是一場德與智的雙重考驗，更是體能與應變能力的全面較量，最終的目標則是達到剛柔並濟、方圓兼具的完美境界。

所謂「做人有手腕」，並非指投機取巧，更不是為了個人利益而使用不正當手段。「手腕」指的是靈活應變的策略，是處世待人的技巧，更是解決問題的方法。擁有手腕的人，能夠在各種局勢中掌握主導權，讓複雜的事情變得簡單，讓困難的處境迎刃而解。相反，缺乏手腕的人，往往會處處碰壁，難以應對挑戰。

歷史證明，做人若能掌握適當的手腕，便能將障礙轉化為機會，為自己開創更廣闊的天地。反之，缺乏手腕則容易錯失良機，使自己長期陷於困境之中。做人有手腕，能讓你綻放光彩，成就非凡；沒有手腕，則可能使你平庸一生，難有作為。

本書將從多個角度剖析做人之道，深入探討如何在人際交往、職場發展、處理問題時靈活應對，提供實用的方法與技巧，幫助你在最短時間內掌握左右逢源、輕鬆應對各種挑戰的

能力。透過這些智慧,你將能避免人生中的種種陷阱,減少彎路,在這個日益複雜的社會中站穩腳步,成為一個圓融、睿智、成功的人。

前言

第一章
大智若愚

第一章　大智若愚

一、真正的精明

大智若愚，不是刻意偽裝愚鈍，也不是矯揉造作，而是一種深具智慧的處世哲學。真正的「糊塗」，並非無知，而是一種深思熟慮後的選擇，是對人性洞察後的策略。真正聰明的人，懂得何時保持沉默，何時展現才華，讓自己在變幻莫測的環境中穩步前行。

正如《易經》所言：「雷電潛伏，蓄勢待發」，有時，適時的隱忍與低調，才能為未來鋪就更堅實的道路。

智慧低調，方能安身立命

歷史上許多傑出人物，都深諳「藏鋒守拙」之道，他們或許權高位重，或許才華橫溢，卻不輕易鋒芒畢露，以免引來不必要的危機。

美國企業界的傳奇人物華倫‧巴菲特（Warren Buffett），便是低調行事的典範。他在投資市場中戰功赫赫，被譽為「股神」，但他的生活卻異常簡樸，言行舉止從不鋒芒畢露。許多初入商場的年輕人，往往迫不及待地想要證明自己，而巴菲特則始終保持謙遜，耐心等待最佳的時機。他深知，在商業世界裡，最危險的不是敵人，而是過於自信的自己。正是這份低調與耐心，

使他在市場波動中屹立不搖，成為投資界的傳奇人物。

在任何領域，無論是職場、商場，還是社交場合，真正有智慧的人，從不輕易顯露全部實力，而是選擇適時行動，確保自己在關鍵時刻能夠穩操勝券。

讓人以為你不精明

在社會上，有些人過於急於展現自己的才華，反而容易引來嫉妒與阻礙。而有些人表面上看似平凡，實則深藏不露，這才是真正的高明之道。

某間跨國公司的辦公室裡，有位新進員工湯姆，剛進公司時，他觀察到同事間競爭激烈，每個人都試圖在主管面前爭取表現機會。然而，湯姆選擇了一種不同的策略——他並不急於展現自己，而是先學習同事們的工作方式，默默觀察主管的喜好與決策風格。他從不在會議上搶著發言，卻總能在關鍵時刻提出最具建設性的意見。

一次，公司接到一項重要的國際專案，主管希望挑選一名負責人。許多同事紛紛自薦，試圖表現自己，而湯姆則保持低調，專注於完善專案的前期準備工作。當主管開始考慮人選時，發現湯姆的建議最為周全，於是毫不猶豫地將這項重任交給了他。最終，湯姆不僅成功推動專案，也在公司內部贏得了極高的信譽。

第一章　大智若愚

真正的精明，不在於急於出風頭，而在於適時展現能力。過早暴露才華，反而容易讓人產生防備心；而透過耐心觀察、低調行事，則能在最適當的時刻發揮最大價值。

穩紮穩打

在職場中，許多新進員工都希望能夠快速獲得主管賞識，因此踴躍表現自己。然而，這種行為往往會引起同事的警惕，甚至讓主管產生戒心，認為此人過於好勝，難以管理。

真正聰明的人，懂得先融入環境，與同事建立良好的關係，並仔細觀察職場生態。一位剛進入知名科技公司的工程師艾倫，並沒有急著展現自己的程式設計能力，而是先用心學習公司的內部流程，了解同事間的合作模式。他願意協助他人解決小問題，卻不刻意表現自己。

幾個月後，公司內部舉辦了一場技術競賽，艾倫悄悄地提交了一份精心設計的作品，結果獲得了極高的評價。主管這才發現，他其實是一名極具潛力的工程師，於是開始賦予他更多重要的任務。這樣的策略，使艾倫在沒有樹敵的情況下，成功建立了自己的影響力。

職場如戰場，過於急於表現，可能適得其反。而透過低調觀察、穩健行動，才能在適當的時機發揮最大的影響力。

一、真正的精明

藏巧守拙，才是致勝之道

在任何競爭環境中，真正的高手往往不是最張揚的人，而是懂得審時度勢、巧妙藏鋒的人。過於炫耀才能，只會招致阻礙，而適時的低調，反而能讓自己走得更遠。

日本企業家孫正義曾說過：「真正的贏家，不是最會說話的人，而是最懂得等待與布局的人。」這句話正好印證了藏巧守拙的重要性。在職場、人際關係乃至人生的每個階段，適當的隱藏實力，保留一些籌碼，才能在關鍵時刻發揮最大優勢。

本節重點

- 真正的聰明，不是讓所有人看到你的才華，而是讓自己在適當的時機展現價值。
- 過於鋒芒畢露，容易招來不必要的麻煩，適時藏巧，才能穩步前行。
- 在職場與社會中，低調行事，穩紮穩打，才能確保自己處於最有利的位置。
- 最成功的人，不是最急於出頭的人，而是最懂得耐心等待與布局的人。

人生如同棋局，急於搶先出手的人，未必是最後的贏家。

第一章　大智若愚

而真正的贏家，懂得審時度勢，在最適當的時機，做出最關鍵的一步。學會藏巧守拙，你將在人生這場競技中，走得更穩，贏得更遠。

二、聰明過頭，反受其害

當你能夠看穿對方的真實意圖，是否就代表你已經贏得了這場較量？並非如此，真正的博弈才剛剛開始。能夠識破他人的心思，只是讓你手中多了一把武器，而關鍵在於如何運用它。若只是急於炫耀自己的聰明，而不懂得策略與分寸，反而容易適得其反，讓自己陷入危機。因此，真正的智慧不在於一味展現聰明，而是懂得隱藏鋒芒，以保全自身並影響局勢發展。

過於精明，反成犧牲品

許多人以為，越聰明便能走得越遠，但歷史上卻不乏因為過於精明而失敗的例子。

蘋果公司（Apple）的創辦人之一史蒂夫・賈伯斯（Steve Jobs），以其非凡的遠見與創造力聞名。然而，他年輕時個性激進、強勢，並且不善於隱藏自己的企圖心，這導致了他在1985年被自己一手創立的公司驅逐。

二、聰明過頭，反受其害

當時，賈伯斯親自邀請了可口可樂（Coca-Cola）前總裁約翰·史考利（John Sculley）擔任蘋果執行長，希望藉助他的管理經驗讓蘋果成為更成熟的企業。然而，賈伯斯並未意識到，史考利雖然對他懷有敬意，但也對其獨斷專行的風格感到不安。

在內部權力鬥爭中，賈伯斯過於直接地展現自己的影響力，並試圖推動與史考利不同的決策方向。這使得公司董事會開始對他的管理風格產生疑慮，最終在史考利的推動下，董事會決定解除賈伯斯的管理職務，迫使他離開自己創立的公司。

即便是才華橫溢的天才，如果過於強調自己的聰明才智，而忽視了權力與人際關係的微妙平衡，也可能招致不必要的失敗。真正的領導者，不僅要有遠見，也要懂得在適當的時機收斂鋒芒，以確保自己的影響力能夠長久發揮。

洞察人心，卻不露痕跡

在人際關係與權力鬥爭中，洞察他人心思是一種極大的優勢，但如果表現得過於明顯，反而會讓人對你產生防備，甚至視你為威脅。

蘇聯領導人尼基塔·赫魯雪夫（Nikita Khrushchev）因 1956 年在蘇共二十大上公開批判約瑟夫·史達林（Joseph Stalin）而聲名大噪。他的改革意圖與強烈的個人風格讓他在短期內獲得了

第一章　大智若愚

極大的政治影響力,但他的直率與過度自信,最終也成為了他下臺的主因。

赫魯雪夫在執政期間,積極推動去史達林化,試圖打破過去的極權統治模式。然而,他在國內外的許多決策,如1958年的農業改革與1962年的古巴飛彈危機,均因缺乏耐心與過度自信而導致嚴重後果。他習慣在公開場合戲謔對手,甚至在聯合國大會上脫下鞋子敲桌子,以示抗議。這種行為雖然吸引了關注,卻也使他在黨內樹敵無數。

最終,1964年赫魯雪夫被以「年事已高」和「政策失誤」為由,被黨內高層聯合逼宮下臺。他的失敗並非來自於能力不足,而是因為他過於直率,未能察覺到自己在黨內的敵人早已悄然集結,等待時機將他趕下臺。

無論在職場還是政治場合,過於直接的風格,雖然能夠迅速推動變革,但如果沒有足夠的策略與耐心,可能反而會成為自己的致命弱點。

才華不等於成功

在藝術領域中,才華橫溢並不代表能夠獲得成功。荷蘭畫家文森‧梵谷(Vincent van Gogh)便是一個極端的例子。

梵谷的藝術風格遠超時代,他的畫作充滿獨特的視角與色彩

二、聰明過頭，反受其害

運用，然而，他的個性極端敏感且不懂得圓融處世，使他在生前飽受社會排擠與經濟困境。他與畫商、贊助人以及藝術圈人士的關係緊張，甚至曾因為與畫家保羅・高更（Paul Gauguin）發生爭執，而自殘割下自己的耳朵。

他的藝術理念在當時未受認可，部分原因來自於他過於堅持自己的風格，而未能考慮市場接受度。最終，梵谷因精神困擾而結束自己的生命，儘管後來他的作品被視為現代藝術的瑰寶，但他生前的悲劇仍然是一個警示——即便擁有卓越的才華，如果無法調整與世界相處的方式，也可能讓自己陷入孤立與絕望之中。

本節重點

- 聰明若無謀略，反而會成為自己的障礙——賈伯斯過於強勢的個性，使他一度被趕出自己創立的公司。
- 洞察局勢但不隱藏鋒芒，往往會招來敵人——赫魯雪夫的直率，使他在黨內無法站穩腳步，最終被政敵推翻。
- 才華出眾但不懂得圓融，可能導致孤立與困境——梵谷雖然是藝術天才，卻因為過於自負，導致生前潦倒不堪。

無論是在商業、政治或藝術領域，過度展現聰明與才華，而不懂得適時收斂與圓融應對，往往會引來不必要的危機。真

第一章　大智若愚

正的智慧，不僅是擁有天賦，更在於知道如何在適當的時機展現與隱藏，才能確保長遠的成功與影響力。

三、真誠是大智慧

在求職市場上，不少人認為適當「修飾」履歷是一種技巧，但有時候，誠實反而成為致勝的關鍵。

一名年輕的女性，來自偏遠的農村，學歷普通，也沒有過往的工作經驗。當她來到城市求職時，親友都建議她應該適當美化自己的背景，甚至可以在面試時稍作誇大。然而，她並沒有這麼做。

在面試時，許多求職者都滔滔不絕地談論自己過去的成就與能力，而她則坦誠地告訴面試官：「我沒有學歷，也沒有經驗，但我有誠實和勤奮。我知道自己需要努力，因為我的生活費快用完了。」

本以為這樣的回答會讓她失去機會，沒想到面試官卻笑了，對她說：「妳是唯一一個沒有粉飾自己過去的求職者。誠實是一種不可或缺的品質，而這正是我們最需要的特質。」最終，她成功獲得錄取，並在工作中展現了極高的穩定度與責任心，贏得公司長期的信賴。

三、真誠是大智慧

短期的欺瞞或許能帶來一時的優勢，但真正的機會，往往是誠實所帶來的信任所換取的。

信譽，是人生最珍貴的資產

若將誠信比作一種無形資本，那麼失去誠信，則如同喪失最基本的競爭力。

一位德國留學生，學業成績優異，畢業後卻在求職市場屢屢碰壁。他遍尋各大公司，卻始終無法獲得錄取。最終，一間小型企業的主考官告訴他：「我們發現你有三次在搭乘公共交通工具時逃票的紀錄。」

原來，德國對逃票的查驗機率極低，被查到的機率僅有萬分之三。而這位學子卻三次被查到，這對於德國企業而言，代表的不只是運氣不好，而是誠信上的重大缺陷。公司不願僱用一個在小事上都不願守規則的人，因為這樣的人在關鍵時刻很可能也會違反更重大的原則。

即便擁有過人的才華，若失去了誠信，依然會在關鍵時刻被淘汰。真正的智慧，不僅在於能力，更在於如何守護個人的聲譽。

第一章　大智若愚

誠信，是商業成功的基石

誠實並非只適用於個人，對企業與國家而言，信譽同樣是最核心的競爭力。

香港企業家李嘉誠曾說：「我不是做生意的料，因為我不會欺騙人。」這句話看似自嘲，卻道出了商業長久經營的真諦。當大多數人認為「無商不奸」，李嘉誠卻以誠信為本，最終成為亞洲最成功的企業家之一。

在古代商業活動中，店鋪門口往往掛著「童叟無欺」的牌匾，這不僅是一種承諾，更是維持顧客忠誠度的關鍵。《左傳》中提到：「信不由中，質無益也。」意思是說，如果誠信不是發自內心，那麼外在的承諾也毫無價值。在競爭激烈的市場中，唯有信譽卓著的企業才能持續生存，而欺瞞消費者的企業，即便一時得利，最終也會失去市場。

信譽的影響甚至擴及整個國家的經濟發展。密西根大學曾針對各國人民進行調查：「你認為一般來說陌生人都可以信任嗎？」結果顯示，信任程度較高的國家，經濟發展普遍較為穩健，而信任程度低的國家，則往往陷入長期的經濟困境。這顯示誠信並非僅是道德問題，更是影響經濟與社會發展的重要因素。

三、真誠是大智慧

誠實是最值得羨慕的稱號

美國首任總統喬治・華盛頓（George Washington）曾說：「我希望我將具有足夠的堅定性和美德，以此保持所有稱號中我認為最值得羨慕的稱號：一個誠實的人。」

無論身處何種地位，誠實都是最珍貴的資產。當一個人具備誠信，不僅能贏得他人的尊敬，也能建立長久的人際關係與事業基礎。誠信是一種無形的力量，它能夠穿越時間與空間，影響一個人的一生。

本節重點

- 誠實並非愚蠢，而是一種真正的智慧 —— 短期的欺瞞可能帶來便利，但長期來看，誠信才能帶來穩定的機會與人脈。
- 信譽是人生最重要的資產 —— 無論是求職、商業經營還是個人關係，誠信決定了一個人的可持續發展能力。
- 商業世界中，誠信是競爭力的核心 —— 企業的成功不僅來自於創新與策略，更來自於長期累積的信任與信譽。
- 國家的信任程度決定經濟發展 —— 如果社會缺乏誠信，經濟活動將受到限制，最終影響整體國家競爭力。

歷史證明，最偉大的人物都將誠信視為人生的最高美德 ——

第一章　大智若愚

從華盛頓到李嘉誠，成功人士的共同特點，就是對誠信的堅持。

世上沒有比一個失去誠實、廉正和自尊的人更窮的人。不管擁有多少金錢，若缺乏誠信，一切都只是短暫的幻象。欺騙可以帶來一時的勝利，但長遠來看，只有誠信才能讓人真正立於不敗之地。誠實是一種睿智，是人生最珍貴的財富。

四、深藏不露，一擊必中

在競爭激烈的環境中，許多人習慣直接展現自己的能力，以求快速獲得認可。然而，真正高明的戰略家卻深諳隱藏實力的重要性。他們不輕易暴露自己的底牌，而是選擇在關鍵時刻出手，以出其不意的方式擊潰對手。歷史上，不論是政治、戰爭，甚至商業競爭，都充滿了這樣的例子——那些真正的贏家，往往懂得如何耐心布局，等待最佳時機，一舉制勝。

低調觀察，伺機而動

美國知名的人際關係專家戴爾·卡內基（Dale Carnegie）早年在職場上並非一帆風順。初入廣告業時，他發現身邊同事個個都在努力表現自己，搶著向上司推薦自己的想法，爭取曝光機會。然而，他選擇了不同的策略。

四、深藏不露，一擊必中

卡內基並未急於展現自己的銷售技巧，而是花時間觀察市場趨勢，分析同事們的優勢與缺點。他發現，許多同事雖然口才了得，但缺乏真正的市場洞察力，導致銷售成績不如預期。於是，他在關鍵時刻提出一套全新的客戶溝通策略，成功打開市場，讓自己一舉成為公司業績最佳的員工。

如果卡內基一開始就急於表現，或許會引起同事的警惕與競爭，而低調觀察並選擇適當時機出手，則讓他在毫無對手防備的情況下贏得勝利。這正是隱藏實力、攻其不備的最佳示範。

從無名小卒到政壇巨人

美國第 32 任總統富蘭克林・D・羅斯福（Franklin D. Roosevelt）年輕時進入政壇時，並沒有急於展現自己的領導才能。他深知，美國政界競爭激烈，若過於急功近利，可能會引起政治對手的警覺，甚至遭到打壓。

於是，他選擇以「默默耕耘」的方式經營人脈，暗中觀察當時政壇的權力結構，並透過低調但穩健的表現贏得長輩政客的信任。他沒有急著發表驚世駭俗的政見，而是一步步鞏固自己的立場，直到適當時機來臨。

當美國陷入經濟大蕭條時，羅斯福抓住機會，以「新政」（New Deal）政策成功翻轉國家經濟，成為美國史上最具影響力的總統

第一章　大智若愚

之一。他的成功並非來自於一時的聰明才智,而是長期以來的謹慎布局,讓自己在最關鍵的時刻擁有絕對的優勢。

隱藏實力,等待致勝時機

在商場上,許多企業領導者也深諳隱藏實力的道理。

某科技公司面臨經營權之爭,管理層分為兩派:一方是現任管理團隊,另一方則是企圖奪權的競爭者。競爭者利用資本運作,四處拉攏股東,試圖掌握更多的股權,以便在董事會中掌控話語權。短短幾個月內,競爭派陣營已占據多數,信心滿滿地等待最終投票。

然而,在投票日的最後期限,現任管理層才突然動作,將早已祕密收購的股權一次性提交,瞬間扭轉局勢,擊敗了對手。競爭者原以為自己穩操勝券,卻未曾料到,真正的主導權一直掌握在對手手中。

這場商業戰役再次證明,在競爭過程中,公開展現實力,可能會讓對手提前布局,甚至聯合其他勢力反制。相反,隱藏實力,讓對手誤以為自己占優勢,才是真正掌控局勢的關鍵。

四、深藏不露，一擊必中

為何要隱藏實力

許多人習慣在職場或競爭環境中盡可能展現自己的優勢，爭取更快的成功。然而，真正成功的人，往往懂得「藏巧守拙」，避免過早暴露實力，防止引起對手的防備或攻擊。

(1) 減少競爭壓力：如果你讓所有人都知道你的能力，便會引起更多的競爭對手，甚至讓主管對你產生戒心，從而影響升遷。

(2) 製造對手的錯誤判斷：當對手誤判你的能力時，你便能在關鍵時刻出奇制勝。

(3) 掌握主動權：如果一開始就暴露全部能力，便等於把自己的底牌攤開，失去了隨機應變的空間。

本節重點

- 隱藏實力，使對手低估你的力量 —— 卡內基選擇觀察市場趨勢，最終一擊制勝。
- 耐心等待，掌握致勝時機 —— 羅斯福以低調經營人脈，最終在關鍵時刻成功上位。
- 在商業競爭中，耐心布局，掌握主導權 —— 企業管理層透過隱藏股權，最終逆轉局勢。

第一章　大智若愚

▪ 不要過早暴露優勢，才能在關鍵時刻出奇制勝 —— 無論是在戰場、職場還是商場，真正的贏家從不急於表現，而是等到最佳時機才一擊必中。

無論在哪個領域，真正的成功者從不輕易亮出所有底牌。他們深知，耐心是勝利的關鍵，而隱藏實力則能為自己爭取更多優勢。最終，那些懂得隱忍、善於布局的人，才是真正的強者。

五、前途取決於視野

在大自然中，每一群狼都有自己的領地，透過嚎叫與氣味標記範圍，確保資源的獨占與生存的優勢。頭狼之所以能夠享有這片地盤，是因為牠知道如何確保領地的完整，避免外來威脅。而在人類社會，資源的定義遠不止食物與領土，而涵蓋了權力、財富、人脈與影響力。

我們每個人都在這個世界上找尋自己的立足點，但問題是，你希望成為掌控資源的人，還是被別人支配的資源？

有遠見的人，總是懂得為自己建立穩固的基礎，而不是隨波逐流，靠機會生存。他們不僅著眼於眼前的利益，更能放眼未來，耐心耕耘，等待最好的時機收穫成功。

修建自己的碼頭

一位年輕人對未來充滿憧憬,但無論如何努力,始終無法獲得成功。他嘗試過各種行業,卻總是以失敗告終。某天,他向父親請教,渴望獲得指引。

父親並未直接回答,而是意味深長地說:「年輕時,我的老船長曾告訴我一句話:『要想有船來,就必須修建自己的碼頭。』」年輕人聽完這句話,開始深思。他意識到,自己一直在四處尋找機會,卻從未真正建立起自己的基礎。

於是,他決定靜下心來專注於學習,提升自己的能力,而不是盲目地尋找機會。數年後,他獲得了博士學位,各大企業紛紛主動邀請他加盟,提供優渥的薪資與發展機會。

與其不斷尋找機會,不如讓自己成為被機會找上的人。當你的實力足夠時,世界自然會為你打開大門。

從被動等待到主動創造機會

現代企業的成功,也往往源於創辦人能夠看到更長遠的未來,並提前為其布局。亞馬遜(Amazon)創辦人傑夫‧貝佐斯(Jeff Bezos)便是這樣的例子。

1994 年,貝佐斯在華爾街工作時,發現網路市場的增長速度驚人。當時的電子商務仍屬於萌芽階段,許多人質疑網路

第一章　大智若愚

零售的可行性。但貝佐斯並未被眼前的困難所困擾,他清楚地知道,未來的消費模式將會向數位轉型。因此,他毅然決定離職,在自家車庫裡創立亞馬遜,從銷售書籍開始,逐步拓展至各類產品,最終成為全球最大的電子商務公司。

如果貝佐斯當初只是等待市場成熟,亞馬遜可能永遠無法崛起。正是因為他能看得更遠,並且願意提前修建自己的「碼頭」,亞馬遜才能在機會來臨時,迅速占據市場優勢。

成功者懂得擴大自己的影響力

擁有遠見的人,不僅會經營自己,還會經營他人,讓更多資源為自己所用。這點,在歷史上的成功人物中亦有所體現。

美國石油大王約翰‧D‧洛克斐勒(John D. Rockefeller)早年經營一家小型煉油廠時,並未急於擴張,而是選擇穩紮穩打,優化煉油技術,降低成本。他看得很遠,明白單靠自己無法主宰市場,於是開始收購競爭對手,建立完善的供應鏈,確保自己的企業能夠影響整個產業。

許多企業家在創業初期,習慣於單打獨鬥,而真正的強者,則懂得如何整合資源,讓別人為自己工作。當洛克斐勒完成石油市場的布局後,他已經不需要親自經營細節,光是資產運作,便能讓他的財富不斷增長。

五、前途取決於視野

從附屬角色到主導角色

「寧做雞頭，不做鳳尾」，這句話形象地描述了領導者與追隨者的區別。一隻雞雖然小，但雞頭能夠掌控行動方向；而鳳尾雖然華麗，卻只能跟隨鳳頭移動，無法決定自己的命運。

那些習慣於等待機會、依附於別人的人，往往只能扮演鳳尾的角色，而真正的成功者，則懂得創造機會，成為雞頭，決定自己的方向。

視野決定你能走多遠

如果把職場與商業世界比喻成一座糧倉，那麼每個人能獲取的資源，便取決於他擁有的工具。

只有雙手的人，只能徒手抓取一點點糧食，維持生計；擁有桶子的人，可以裝走更多資源，提高生活品質；擁有卡車的人，則能將糧倉中的資源帶走大批，甚至轉售他人，讓資源變成財富。

真正的成功者，並不滿足於當下的能力，他們不斷投資自己，擴大「容器」，以求獲取更多的資源。這也解釋了為何富者愈富，因為他們懂得不斷提升自己的承載能力，而不是單靠眼前的勞力換取報酬。

第一章　大智若愚

本節重點

- 你能看多遠，你便能走多遠 —— 成功者從不拘泥於眼前，他們總是在為未來鋪路。
- 與其四處找尋機會，不如打造自己的平臺 —— 亞馬遜的崛起，證明了建立基礎比追逐機會更為重要。
- 真正的成功者不只是經營自己，還會經營他人 —— 洛克斐勒透過布局市場，讓資源為自己所用。
- 擁有遠見，才能從被動轉為主動 —— 不滿足於現狀，而是尋求擴大自己的影響力，才能真正掌控未來。

在這個變化迅速的時代，機會永遠屬於那些能夠看得更遠的人。與其依賴別人的決定，不如開始經營自己，打造屬於自己的碼頭，讓未來的機會主動找上門。

六、學會藏拙，別太招搖

在這個競爭激烈的社會，許多人都希望展現自己的才華，以獲得更多的機會與認可。然而，真正的智慧，並非來自於隨時表現自己，而是懂得在適當的時機選擇低調，避免過度招搖。過於鋒芒畢露，往往會讓人樹敵，甚至讓自己成為眾矢之的；

相反，那些懂得適時佯裝遲鈍、給人安心感的人，反而更容易在關鍵時刻獲得信任，甚至掌握全局。

低調藏拙，反而成為大贏家

日本首相田中角榮被譽為「裝有電腦的推土機」，因為他兼具縝密的計劃能力與極強的執行力。然而，他並不會過度展現自己的精明，而是選擇以務實低調的方式與人相處，讓部下能夠自由發揮，而不是時時感受到壓力。

身為領導者，如果過於精明、鋒芒畢露，反而會讓部下感到戒備，不敢提出自己的意見，甚至擔心自己的能力會威脅到領導者，導致團隊缺乏創造力。田中角榮深知這一點，因此，他在處理政務時，總會給予部下適當的空間，讓他們有發揮的餘地，自己則站在幕後掌控大局。

這種領導風格，讓他獲得了極大的支持，也使他在日本政壇屹立不搖。有時候適當地「裝遲鈍」，反而能讓人放下防備，提升對你的信任。

聰明的下屬懂得低調做人

一位剛從名校畢業的年輕人，憑藉優異的表現，迅速在一家公司嶄露頭角。然而，他的聰明才智讓同事感到壓力，也讓

第一章　大智若愚

主管開始擔心他的野心。

這位年輕人對每件事情都有自己的看法,總是在會議上直接指出主管決策的問題,並提出更有效的解決方案。雖然他的見解十分精準,但這種做法讓主管產生戒心,擔心他的能力將來會威脅到自己的地位。

最終,公司以「適才適所」為理由,將這位年輕人調離了核心部門,甚至在幾個月後找了個藉口將他辭退。

聰明固然是一種優勢,但如果使用不當,反而會讓自己陷入困境。在職場上,最有智慧的人,並不是那些急於表現自我、鋒芒畢露的人,而是懂得在適當時機「藏拙」,以低調的方式獲得主管的信任。

聰明的談判者,不會讓對手感到壓力

在商業談判中,過於精明的人,往往容易讓對手產生戒心,最終導致談判破裂。

華倫‧巴菲特便是這方面的高手。他的談判風格並非咄咄逼人,而是表現得彷彿「無害」,讓對方覺得他並不具備威脅性,進而降低心理防備。

在併購企業時,巴菲特從不會急於提出條件,而是讓對方先開口,表現出一副「耐心傾聽」的姿態。這種策略,讓對方感

到輕鬆，願意更開誠布公地交流，最終達成對巴菲特更有利的交易條件。

他的成功並非來自於壓倒對手，而是來自於他低調、不急於展現自己的精明，這才讓他能夠在投資界長期立於不敗之地。

懂得「裝遲鈍」，才能化解敵意

在人際交往中，有時候故意表現得「不那麼聰明」，反而能贏得他人的好感。

一位商業顧問曾分享這樣的經驗：他在談判過程中，對方是一位極為強勢的企業家，對談判條件非常挑剔，不願讓步。顧問並沒有急於與對方爭論，而是選擇用「請教」的方式，向對方詢問意見，表現出「學習」的態度。

結果，這位企業家放下了戒心，反而願意主動分享自己的觀點，甚至在談判條件上做出讓步。這次談判之所以成功，不是因為顧問有更強的談判技巧，而是因為他懂得如何「示弱」，讓對方感到安心，進而達成雙贏的局面。

這正如蘇軾所言：「大智若愚。」真正的智慧，並非讓人感受到壓力，而是讓人不自覺地信任你，甚至願意主動合作。

第一章　大智若愚

低調的人，往往走得更遠

在職場上，許多優秀的員工因為太過高調，反而被邊緣化；而那些懂得適時保持低調、不輕易展露鋒芒的人，則往往能夠獲得更長遠的發展。

原因在於：

（1）主管不喜歡威脅自己的下屬

一個過於精明、搶風頭的員工，容易讓主管感到不安，最終可能被「雪藏」。

（2）低調讓人放下戒心

如果一個人過於聰明，身邊的人會隨時提防，而那些表現得「無害」的人，反而更容易獲得信任。

（3）懂得藏拙，才能在關鍵時刻發揮實力

有時候，適當地「裝傻」，能夠讓你在對的時機出手，取得最佳成果。

本節重點

- 鋒芒畢露，容易招致妒忌與敵意 —— 職場上太過精明，往往會讓主管與同事感到不安，甚至遭到排擠。
- 真正聰明的人，懂得適時保持低調 —— 巴菲特的談判風

格，便是透過低調與耐心傾聽，讓對手降低戒心，最終獲得最佳利益。
- 裝遲鈍，能讓人產生親近感 —— 田中角榮懂得隱藏自己的精明，反而能讓部下無壓力地發揮實力，成為更好的領導者。
- 職場上，「裝傻」有時候比「精明」更重要 —— 聰明的人，懂得適時退讓，而不是總是與人爭鋒相對。

在這個競爭激烈的世界，低調做人，反而能讓你走得更遠。鋒芒太露，只會讓自己成為被打壓的目標；而適時地佯裝遲鈍，則能夠讓你在人際關係中如魚得水，最終達成更大的成就。

七、謹言慎行，少說多聽

說話比寫文章更難掌控，因為話語一旦出口，便無法輕易收回。在職場與社交場合，一句不經意的話可能影響你的形象、職涯，甚至人際關係。聰明的人懂得適時發言，而更有智慧的人則懂得何時保持沉默。

世界上沒有完美無缺的人，若隨意評論他人、揭露他人隱私，不僅可能損害對方的名譽，也會暴露自己的人品問題。當聽到流言蜚語時，最好的做法是聽過即忘，不傳播、不評論，避免成為製造事端的源頭。

第一章　大智若愚

言語鋒利，反招敵意

李俊是一家科技公司的中層主管，能力優異，但性格直率，經常在會議上搶先發言，對同事的工作提出毫不留情的批評。

一次，公司開會討論產品測試的問題，主管點出某項技術錯誤，並表示這個錯誤應該是在質檢環節被發現的。負責這個部分的同事王翔原本已經對自己的失誤感到內疚，沒想到李俊立刻發聲：「這種事情根本不應該發生！如果王翔的團隊更仔細一點，早就能避免這個問題了！」他甚至補充說：「其實這不是他第一次犯這種錯了。」

當場，王翔的臉色變得非常難看，而其他同事也覺得李俊的發言過於直接，甚至帶有攻擊性。

會後，王翔開始對李俊抱有敵意，在後續工作中刻意挑剔他的提案，甚至在內部會議上質疑他的決策能力。最終，李俊發現自己逐漸被邊緣化，甚至因為團隊氣氛變得緊張，導致主管對他產生不滿，最後他不得不選擇離職。

在職場上，公開批評同事是一個大忌。即使對方確實有錯，也應該選擇適當的方式私下提醒，而不是當眾點名，讓對方難堪。否則，不僅無法改善問題，還可能樹敵，影響自己的發展。

沉默的智慧

蘋果公司創辦人賈伯斯在公開場合的談話風格一直被人津津樂道。他極少在媒體前發表沒有深思熟慮的言論,也從不輕易批評競爭對手,而是選擇以簡短、深刻的話語展現自己的觀點。

在 2007 年 iPhone 發布會上,賈伯斯沒有直接攻擊當時市場上的其他手機,而是巧妙地說:「今天,我們將重新定義手機。」這句話沒有任何直接的批評,但卻表達了蘋果對市場的顛覆性影響力。

這種精準的話語,不僅讓人印象深刻,也避免了不必要的爭議。如果賈伯斯當時直接批評競爭對手的產品,可能會引起反彈,甚至影響蘋果的品牌形象。但他的謹言慎行,反而讓蘋果的影響力更加鞏固。

這也說明,一個真正有智慧的領導者,懂得如何用最少的話語傳遞最有力的信息,而不是口若懸河,讓自己陷入無謂的口舌之爭。

話多未必有好處

張薇是一家知名企業的資深員工,因為出色的工作表現,被列為晉升辦公室主任的候選人之一。某天,經理找她談話,

第一章　大智若愚

暗示她是最有可能獲選的人選。

張薇聽到後十分興奮，在與經理的談話中，她滔滔不絕地分享自己的看法，甚至開始評論另一位候選人──李明。她提到李明過去的一些失誤，並認為自己的能力比他更適合這個職位。

幾天後，公司正式公布人事任命，讓張薇驚訝的是，主任人選竟然是李明，而不是她。

後來她得知，經理在與李明談話時，也提到了她可能獲選的消息，但李明並未對此發表任何負面評論，反而稱讚張薇的能力，表示如果她被選上，他也會全力支持。這種成熟穩重的態度，最終讓經理改變了決定，選擇李明擔任主管。

說話不經思考，不僅可能傷害他人，也可能讓自己失去原本的機會。有時候，少說幾句，反而能贏得更多人的信任。

慎言是一種智慧

許多人以為多說話能表現自己的聰明與博學，但實際上，過於健談反而容易暴露弱點，甚至帶來不必要的誤解。

說得越多，錯誤越多──話語越多，犯錯的機率越大，容易引起誤會或讓自己陷入困境。

話多容易洩露資訊──談論自己的計畫或看法，可能無意中讓競爭對手獲取資訊，對自己不利。

別人轉述時可能失真 —— 你的話經過別人轉述，可能會被誤解或曲解，導致誤會加深。

過於批評別人，容易樹敵 —— 即使你的批評是對的，也可能讓對方心生不滿，對你產生敵意。

許多成功人士懂得「少說話，多做事」的道理，因為他們知道，謹慎發言才是長遠成功的關鍵。

如何說話才不會「言多必失」

(1) 不要隨意評論別人

避免談論他人的缺點或隱私，即使是事實，也不要輕易傳播。

(2) 避免在公開場合批評他人

如果有問題需要討論，應該選擇私下交流，而不是讓對方在眾人面前難堪。

(3) 發言前先思考

每次說話前，先問自己：「這句話有必要說嗎？對我有好處嗎？」

(4) 控制談話的長度

不要為了表現自己而說太多，讓對話保持簡潔有力。

第一章　大智若愚

（5）在不確定時選擇沉默

如果你不確定某個資訊是否正確，或不知道該如何回應，選擇沉默往往是更明智的選擇。

本節重點

- 言語鋒利的人，往往容易招致敵意 —— 李俊因為公開批評同事，最終導致自己被邊緣化。
- 真正的領袖懂得謹慎發言 —— 賈伯斯以簡潔的語言表達觀點，避免無謂的爭議。
- 過多的言談，容易讓自己失去機會 —— 張薇因為多話，暴露了自己的輕率，最終失去了升遷機會。
- 慎言是智慧的象徵 —— 成功人士通常不會輕易發表意見，而是選擇在適當時機說出最有影響力的話。

總而言之，言多必失，謹慎發言才能保護自己，也能贏得別人的尊重。學會少說話、多聆聽，才是長遠發展的最佳策略。

八、人怕出名，豬怕肥

在競爭激烈的社會，適時隱藏自己的鋒芒是一種生存智慧。過於炫耀才華，反而容易招致嫉妒與攻擊，甚至讓自己陷入險境。這正如中國古訓：「木秀於林，風必摧之。」有才華的人若不懂得低調行事，很容易成為眾矢之的。真正的高手，懂得藏巧於拙，寧願在關鍵時刻才顯露實力，而不是時時刻刻都想出風頭。

才華過於外露，反招禍患

電力工程師尼古拉・特斯拉（Nikola Tesla）是歷史上最具才華的發明家之一，但他的天賦與理想主義卻使他成為時代的犧牲品。他擁有超凡的創造力，發明了交流電、無線電技術等，但是他從不掩飾自己的聰明才智，甚至公然批評當時的產業巨頭，結果最終被排擠。

他與美國發明家湯瑪斯・愛迪生（Thomas Edison）曾短暫合作，但由於特斯拉公開嘲諷愛迪生的直流電技術落後，兩人徹底決裂。特斯拉雖然技術領先，卻因為不懂得掩飾自己的鋒芒，最終失去了業界支持，甚至晚年窮困潦倒。

無論多麼聰明，過於直白、毫無保留地展現自己的才華，

第一章　大智若愚

反而會成為敵人的攻擊目標。真正的智者懂得低調行事，讓對手低估自己，而非招來不必要的敵意。

過於高調，反遭排擠

在全球奢侈品產業中，LVMH（路易威登集團）是最具影響力的企業之一。然而，曾經被視為集團明日之星的前亞洲區負責人菲利普·帕斯卡（Philippe Pascal）卻因為過於高調，最終在內部權鬥中敗下陣來。

帕斯卡在接管 LVMH 亞洲市場後，短短五年間將品牌銷售額提升數倍，成功打入中國、日本與南韓市場。他的商業眼光與市場策略深受外界讚譽。然而，他在媒體前頻繁曝光，甚至多次在訪談中暗示自己可能接班 LVMH 執行長的位置，這讓集團內部的高層產生了警戒。

2010 年，LVMH 內部人事鬥爭加劇，帕斯卡在一次內部會議中與現任執行長產生衝突，不久後，他突然宣布離開公司。雖然官方理由是「個人因素」，但業界普遍認為他是因為過於高調，而遭到內部勢力排擠。

這個案例說明，即使你擁有卓越的商業能力，也不能輕易流露你的野心。在企業內部，高調的行為容易引起嫉妒與猜忌，最終讓你失去立足之地。

八、人怕出名，豬怕肥

鋒芒畢露，導致致命危機

真田信繁（也稱真田幸村）是日本戰國時代的傳奇武將，被譽為「日本第一兵」。他才華橫溢，戰術高超，卻因為過於耀眼，最終導致悲劇性的結局。

當豐臣秀吉去世後，德川家康開始掌控局勢，許多大名選擇歸順德川，以確保自己的家族能存續。然而，真田信繁卻選擇站在德川的對立面，成為豐臣家的最後屏障。他在大阪之戰中率領少量軍隊，以精妙的戰術重創德川軍，使得德川家康一度陷入混亂。

然而，他的鋒芒太盛，使得德川家康將他視為「最危險的敵人」，並動用龐大的軍力圍剿他。在大阪夏之陣中，真田信繁最終戰死。雖然他的勇猛與智慧令人敬佩，但如果他當時選擇隱藏自己的才能，或許就能等待更好的時機，而不是在劣勢中迎來敗局。

即使擁有過人的才能，若太過高調，容易成為被針對的對象。在權力競爭中，懂得保護自己，適時低調，才能真正走得長遠。

如何避免「出頭的椽子先爛」

(1) 避免過度炫耀自己的能力

即使你才華出眾，也不必時時刻刻強調自己的優勢，應該

第一章　大智若愚

適時保持低調，讓別人慢慢發現你的實力。

（2）給上司臺階，避免讓對方難堪

即使你的意見正確，也不要在公開場合直接挑戰上司的決策，應該選擇私下交流，以減少對方的防備心。

（3）在不同場合調整說話方式

與同事交流時，可以更坦率，但在上司或高層面前，應該更加謹慎，避免讓對方覺得你過於鋒芒畢露。

（4）學會適時示弱

過於強勢的人，往往容易引起他人的嫉妒與反感。學會在適當時候示弱，反而能讓自己獲得更多機會。

（5）懂得察言觀色，避免過度表現

觀察周圍環境，了解哪些場合適合展現才華，哪些場合應該保持低調，這樣才能在職場與社會中游刃有餘。

本節重點

- 「木秀於林，風必摧之。」—— 過於突出的才能，反而容易引來攻擊，真正的強者懂得在適當時機隱藏自己。
- 「鋒芒畢露，反招禍患。」—— 特斯拉因為才華過於外露，最終遭到打壓與排擠。

- 「職場中的低調,往往比高調更有用。」── LVMH 前高管帕斯卡因為過於高調,而遭到內部勢力排擠。
- 「聰明不露,才華不逞。」── 真田信繁過於耀眼,使得德川家康傾全力剿滅他,最終導致悲劇性的結局。

收斂鋒芒不是懦弱,而是一種策略。低調行事,讓你的能力在需要時才展現出來,才能確保自己的長遠發展,避免成為「出頭的椽子先爛」的犧牲品。

九、忍一時風平浪靜

俗話說:「留得青山在,不怕沒柴燒。」在現實社會中,成功並非僅靠聰明才智,更多時候,需要極大的耐心與忍耐力。許多時候,人們容易因一時憤怒、衝動而做出不理智的決定,導致原本可以長遠發展的事業反而功敗垂成。

真正能成就大事的人,懂得暫時放下自尊與個人情緒,專注於更宏大的目標。忍耐並非懦弱,而是一種高度的智慧。當我們學會控制自己,懂得以退為進,才能在關鍵時刻迎來真正的勝利。

第一章　大智若愚

忍辱負重，方能成就霸業

春秋時期，越王勾踐在戰爭中敗給吳王夫差，越國幾乎滅亡。為了保全國家，勾踐選擇親自到吳國當奴僕，事事順從，甚至到了令人難以置信的地步。當夫差生病時，勾踐不僅細心照料，甚至還親嘗糞便來「診斷」病情，以此討得吳王信任。

許多人譏笑勾踐沒有尊嚴，認為他屈辱至極。然而，勾踐內心早已暗自策劃復仇，他回國後臥薪嘗膽，經過十年不懈努力，終於發動戰爭，一舉滅掉吳國，實現了自己的復國大業。

當一個人處於低谷時，若無法忍辱負重，就無法等待時機東山再起。眼前的屈辱並不可怕，可怕的是無法為了長遠目標而忍耐。

忍耐是一種智慧

日本軟銀創辦人孫正義，是現代商界最具影響力的人物之一。然而，年輕時的他曾面臨嚴重的歧視與挑戰。孫正義是日韓混血，成長於日本，因為韓國血統，他在求學時期屢遭歧視與排擠。進入職場後，他的創業理念一度被主流財經界嘲笑，甚至在 1980 年代創辦軟銀時，因為不符合當時的市場趨勢，投資人對他嗤之以鼻。

然而，孫正義並未因一時的困境放棄，他選擇耐心等待，

忍受外界的輕視,在 1990 年代積極布局科技產業。他投資雅虎(Yahoo)、阿里巴巴(Alibaba),當這些科技公司成為全球巨頭時,孫正義的軟銀集團也順勢崛起,成為日本最具影響力的企業之一。他曾說:「即使所有人都不看好我,我也願意等十年,等時代來證明我是對的。」

這個案例說明,忍耐並不是無作為的等待,而是積極尋找機會,耐心等待時代的改變。當時機來臨時,那些曾經嘲笑你的人,終究會成為你的追隨者。

隱忍換取成功

賈伯斯是蘋果公司的創辦人之一,卻在 1985 年因內部鬥爭,被董事會趕出自己創立的公司。他的驕傲與個性讓他與其他高層產生衝突,最終被解職。

這對賈伯斯來說是極大的打擊,然而,他並沒有選擇公開對抗,而是選擇暫時低調,默默耕耘自己的新公司 NeXT,並投資動畫公司皮克斯(Pixar)。十年後,蘋果陷入經營危機,董事會主動邀請他回歸。他這時已經不再是當年的那個衝動年輕人,而是更成熟、更有耐心的企業家。他回到蘋果後,推出了 iMac、iPod,最終讓蘋果成為全球市值最高的企業。

如果當年賈伯斯在被趕出蘋果時選擇與公司對抗,或者公

第一章　大智若愚

開批評董事會，那麼他的事業可能會永遠停滯。然而，他選擇隱忍，選擇等待，最終成功逆襲。

如何運用「小不忍則亂大謀」

(1) 學會等待時機

有時候，你需要按捺衝動，靜待最佳時機。無論是創業還是職場發展，都不應該因為一時不順利就放棄長遠目標。

(2) 隱忍不是懦弱，而是更大的野心

成功的關鍵不是「現在立刻就要得到」，而是「如何在未來得到更多」。

(3) 避免逞一時之快，影響未來發展

在職場或生意場上，衝動往往會讓你失去寶貴的機會。如果你能忍住一時的委屈，未來可能會收穫更大的成功。

(4) 養精蓄銳，準備下一次的機會

如同勾踐臥薪嘗膽、賈伯斯重返蘋果，真正的強者不會把時間浪費在無謂的爭執上，而是會用時間來強化自己，等待下一次的勝利機會。

本節重點

- 「小不忍則亂大謀。」——真正的強者懂得忍耐，不會因為一時的挫折而放棄更遠大的目標。
- 「忍辱負重，終成大事。」——越王勾踐的復仇、孫正義的崛起、賈伯斯的逆襲，都證明了耐心與忍辱的重要性。
- 「短暫的妥協，為了更大的勝利。」——與其衝動行事，不如選擇等待時機，當時機成熟時，反擊的力量才會更強大。

有智慧的人懂得如何在低潮中隱忍，等待最合適的時機出手。無論是商場、職場、還是人生，想要成功，就必須懂得「忍一時風平浪靜」的道理。在短期的失敗面前，選擇沉住氣，保持耐心，終有一天，你會迎來屬於自己的巔峰時刻。

十、做人低調，做事高效

民間有句極為貼切的諺語：「低頭是稻穗，昂頭是稗子。」成熟的稻穗因為飽滿而自然低頭，反之，那些空洞無實的稗子卻總是高高昂起，顯得張揚招搖。在現實社會中，真正有智慧的人，往往選擇低調處世，而將心力投注於事業上，以成就卓越的成果。

第一章　大智若愚

謙遜的人，才能走得更遠

日本知名作家村上春樹年輕時從未想過自己會成為作家。30歲以前，他只是一名普通的爵士酒吧老闆，過著平凡而低調的生活。然而，他在某次棒球比賽時，突然靈光乍現，萌生了寫小說的念頭。於是，他默默地在下班後開始創作，不張揚、不炫耀，甚至連朋友都不知道他的這項計畫。

他的第一部小說《聽風的歌》完成後，他沒有大肆宣傳，而是低調地投稿到文學獎比賽。結果，他竟然一舉奪冠，成為日本文壇的新星。即便獲得成功，村上春樹仍保持低調，不接受過多媒體訪問，專注於創作，逐步在國際文壇上奠定地位。如今，他的作品已翻譯成50多種語言，影響全球無數讀者。

真正的成功不需要四處張揚，而是要用行動說話，透過穩紮穩打的努力，讓世界自然而然地注意到你。

過於招搖，易招致禍患

西漢開國功臣韓信，年輕時家境貧寒，經常寄人籬下。他雖胸懷壯志，卻因外貌高大威猛而遭人嫉妒。有一次，市井混混故意挑釁他，當眾羞辱道：「你這麼高大強壯，卻是個懦夫。如果不怕死，就砍我一劍；如果怕死，就從我的胯下爬過去！」眾人見狀，紛紛圍觀，等著看熱鬧。

十、做人低調，做事高效

韓信仔細看了對方一眼，沉思片刻，最終選擇俯身從混混的胯下爬過去，當場引來哄堂大笑。旁人認為他懦弱無能，卻沒人知道，這一跪，正是他人生的轉折點。後來，他投靠漢高祖劉邦，在蕭何的舉薦下成為大將軍，最終以「明修棧道，暗度陳倉」等軍事策略助劉邦統一天下，建立漢朝。等到他封侯拜相，那些曾經嘲笑他的人，早已煙消雲散。

韓信的故事證明，在尚未時機成熟之前，適時隱忍、低調行事，才是生存與成功的關鍵。過早鋒芒畢露，可能反而會讓自己遭受致命的打擊。

低調，是最強大的生存策略

安迪‧葛洛夫（Andy Grove）是英特爾（Intel）公司的創辦人之一，也是半導體產業的傳奇人物。他的經營哲學以「低調行事」為核心，並推動英特爾成為全球最具影響力的科技公司之一。

在1970年代，英特爾以生產記憶體晶片為主，但葛洛夫敏銳地察覺到，日本企業在記憶體市場的競爭力逐漸增強，若不改變策略，公司可能會陷入困境。當時，許多英特爾高層仍堅持記憶體是公司的核心業務，不願轉向。然而，葛洛夫沒有公開與董事會發生正面衝突，而是私下推動研發微處理器（CPU），並將其定位為未來的核心產品。

第一章　大智若愚

經過數年的低調布局,英特爾最終在 1980 年代全面轉型為微處理器公司,並藉由與 IBM 合作,使其晶片成為個人電腦(PC)的標準。這場「悄悄進行的革命」,讓英特爾最終成為全球最大的半導體企業,而葛洛夫也被譽為「改變世界的經理人」。

真正的領導者不會一開始就大張旗鼓,而是懂得在合適的時機低調布局,等到時機成熟,再高調出擊,創造變革。

如何實踐「做人低調,做事高效」

(1) 少說多做,讓成果說話

不輕易炫耀自己的才能,而是默默耕耘,當成功來臨時,自然會有人看到你的努力。

(2) 懂得藏鋒,不強出頭

避免在不必要的場合過度表現,尤其是在上司或強勢同事面前,應學會謙遜低調,避免成為被針對的對象。

(3) 尊重別人,不居高臨下

即使你擁有出色的能力,也不應該讓別人覺得你高高在上,而是要讓人感受到你的謙和與親切。

(4) 學會傾聽,謙虛請教

真正有智慧的人懂得向他人學習,即使自己擁有豐富的知識,也會虛心求教,而非咄咄逼人地展現自己的聰明才智。

本節重點

- 低調，是最好的防禦，也是最有效的進攻。
- 先讓別人低估你，當你出手時，才能震撼全場。
- 人外有人，天外有天，能人背後還有能人，真正聰明的人懂得謙遜。
- 低調做人，是一種智慧，高調做事，是一種能力。

無論你處於人生的哪個階段，謙遜低調都是一種不可或缺的美德。低調的人，往往更能成大事，因為他們懂得何時該隱忍，何時該發光。

十一、不顯山，不露水

古語云：「大智若愚，大巧若拙。」這句話的意思是，真正擁有大智慧的人，往往不會刻意顯露聰明，反而表現得樸實無華；真正高超的技巧，往往看起來像是笨拙的。這並不是愚鈍，而是一種人生的境界。

第一章　大智若愚

隱藏智慧，方能長久

文藝復興時期的天才藝術家李奧納多・達文西（Leonardo da Vinci）被譽為「最接近神的凡人」，然而，他在某些場合卻常常故意表現得無能，甚至刻意隱藏自己的天賦。

當時，米蘭公爵盧多維科・斯福爾扎（Ludovico Sforza）正在招募軍事工程師。達文西並沒有直接表現自己的繪畫才能，而是遞交了一封信，詳細列舉了自己在機械、建築、軍事戰略等方面的「普通」技能，甚至提及自己可以為公爵設計攻城武器和防禦工事。他只在信的結尾輕描淡寫地提到：「此外，我還可以繪製畫作。」

這封信讓達文西成功受聘，並獲得進入米蘭宮廷的機會。多年後，他的畫作〈最後的晚餐〉（*The Last Supper*）成為米蘭最重要的藝術珍寶。達文西並非不聰明，而是選擇「智慧藏於拙」，以低調的方式獲取長遠的機會。

智慧藏於拙

唐太宗李世民因開創「貞觀之治」，被後世譽為英明君主。然而，即便是這樣的皇帝，也免不了會沉迷於個人情感，忽略更重要的事情。

唐太宗的愛妻長孫皇后去世後，他心情鬱悶，經常登上宮

十一、不顯山，不露水

中的高樓，遙望皇后陵墓，久久不願離去。宰相魏徵看到這一幕，決定勸諫，但他深知直言可能會觸怒皇帝，於是採取了一種更為委婉的方式。

有一天，唐太宗帶著魏徵登上高樓，問道：「愛卿可看到昭陵？」魏徵假裝揉揉眼睛，說：「臣老眼昏花，實在看不見啊！」唐太宗愕然，於是親自指點給他看。魏徵再次看了一會兒，然後說：「臣剛才以為皇上讓我看的是獻陵（唐高祖李淵的陵墓），若是昭陵，臣還是能看見的。」

唐太宗聽後，頓時明白魏徵的用意：自己身為君主，不應該只緬懷亡妻，而應該更加關注江山社稷與天下蒼生。他感到慚愧，隨即下令拆除高樓，專心治理國家。

魏徵並沒有直接指出皇帝的錯，而是透過一個看似「眼花」的舉動，讓唐太宗自己領悟。這正是「智慧藏於拙」的典範。

裝傻，才能活得更久

20世紀的喜劇大師查理‧卓別林（Charlie Chaplin），因其無聲電影的幽默與批判性而聞名。然而，他的政治立場讓他在美國麥卡錫主義（McCarthyism）盛行時期成為政府的監視對象。當時，美國聯邦調查局（FBI）懷疑他有「共產主義傾向」，並對他展開調查。

第一章　大智若愚

面對政治壓力,卓別林並沒有直接與政府對抗,而是選擇「裝傻」。他在公眾場合幽默地回應指控,表示自己只是個「默片演員」,對政治並不感興趣,甚至在記者會上表演誇張的滑稽動作來轉移媒體焦點。

最終,他以「電影拍攝計畫」為由,前往歐洲,並在美國政府正式對他發出拘捕令前,成功定居瑞士,避開了政治迫害。他的「智慧藏於拙」不僅保全了自己,還讓他的事業繼續蓬勃發展。

如何實踐「智慧藏於拙」

(1) 避免鋒芒畢露,懂得隱藏實力

在職場或社交場合,不要急於展現自己的才能,而是等待合適的時機,讓人主動發現你的價值。

(2) 保持耐心,伺機而動

很多時候,真正的聰明人不會急於改變現狀,而是靜觀其變,等待最適合的時機再出手。

(3) 學會幽默,巧妙化解危機

面對挑戰與批評時,適當的幽默與「裝傻」可以化解尷尬,讓自己免於被針對。

(4) 知道什麼時候該「聰明」,什麼時候該「糊塗」

該爭取機會時,展現能力;該隱藏實力時,裝作無害,讓對手掉以輕心。

本節重點

- 真正聰明的人,不是每時每刻都表現得很聰明,而是知道何時該聰明,何時該裝糊塗。
- 精明過了頭,容易招致災禍;偶爾裝傻,反而能化險為夷。
- 人生如棋,懂得藏拙,才能贏得最終勝利。

「智慧藏於拙」並不是真的愚鈍,而是一種戰略,一種智慧。那些能夠看透世界、卻願意裝傻的人,往往才是真正的贏家。

十二、以柔克剛

《孫子兵法》中提到:「卑而驕之」,意思是對於輕視我方的敵人,應讓其更加驕傲。這種戰術策略在歷史上被廣泛運用,無論是戰爭、政治,還是商場與職場,示弱反而成為一種高明的生存智慧。懂得在關鍵時刻隱藏鋒芒,能讓對手掉以輕心,甚至為自己創造反擊的機會。

第一章　大智若愚

適當示弱的策略

蘋果公司的創辦人賈伯斯以強勢領導聞名,但他在與競爭對手的交鋒中卻曾經巧妙示弱。1997年,蘋果公司陷入財務危機,股價低迷,外界普遍認為公司已無力翻身。賈伯斯回歸蘋果後,在那一年的 Macworld 大會上,做出一個讓所有人驚訝的決定:宣布與微軟(Microsoft)建立合作夥伴關係,並請微軟的比爾蓋茲(Bill Gates)透過視訊連線發表講話。

這個舉動在當時看來像是「投降」,因為微軟是蘋果的最大競爭對手,然而,賈伯斯深知,蘋果此時最需要的不是對抗,而是生存。他放下身段,接受微軟對蘋果1.5億美元的投資,並確保微軟繼續支援 Mac 版本的 Microsoft Office。這一示弱策略讓蘋果獲得喘息機會,最終轉危為安,並在數年後推出 iMac、iPod 等劃時代產品,徹底翻身,成為全球最具價值的科技公司之一。

政治鬥爭中的示弱

英國首相溫斯頓・邱吉爾(Winston Churchill)以剛強果決著稱,但他在面對盟友與敵人時,卻不時展現「示弱」的智慧。二戰期間,他意識到英國單靠自身力量難以對抗納粹德國,於是他積極向美國總統羅斯福示弱,強調英國戰略上的困境,甚

十二、以柔克剛

至寫信懇求美國提供支援。他在信中寫道:「我們已經沒有多少選擇了,若無美國的幫助,英國可能會陷入嚴重危機。」羅斯福被邱吉爾的誠懇態度打動,最終促成了《租借法案》(*Lend-Lease Act*),讓美國提供軍事援助,使英國得以堅持抗戰,直至最終勝利。

邱吉爾並未逞強,而是選擇示弱,以換取盟友的支持,這種靈活戰略最終改變了戰局。

商場上的示弱策略

2000 年代初,可口可樂(Coca-Cola)在印度市場遇到強烈抵制,因為當地企業與政府對於外資品牌存有疑慮,加上媒體指控可口可樂的產品含有過量農藥殘留,導致品牌聲譽受到嚴重打擊。面對輿論壓力,可口可樂沒有選擇強硬對抗,而是主動承認問題,甚至允許獨立機構檢測產品,並推出一系列「本土化」策略,如贊助板球賽事、支持當地社區發展,並聘請印度籍高層管理人員,以展現對當地文化的尊重。

可口可樂的示弱策略成功地重建品牌形象,並在後續幾年內再次獲得印度市場的青睞,成為當地最受歡迎的飲料品牌之一。

第一章　大智若愚

示弱不等於軟弱

在許多場合，示弱是一種戰術，而非真正的妥協。它的目的在於：

（1）降低敵意

當你讓對手認為你不具威脅時，對方會減少攻擊性，甚至可能轉為合作。

（2）誘使對方自滿

當對方因輕敵而鬆懈時，你便有機會反擊。

（3）換取更大利益

有時候，適時示弱可以獲得關鍵資源，確保長期優勢。

本節重點

- 示弱能讓強者無從發力 —— 當對方認為你不具威脅時，反而會降低對你的防範。
- 適時展現自己的不足，降低他人敵意 —— 讓對方對你產生親近感，而非競爭心理。
- 示弱是最精妙的心理戰術 —— 讓敵人自滿，為自己創造反攻的契機。

不論是在戰場、商場，還是人際關係中，示弱都是一種高

十二、以柔克剛

明的策略。適時低調、保留實力,反而能讓你在關鍵時刻掌握勝局。

第一章 大智若愚

第二章
方圆之道

第二章　方圓之道

一、要懂得爭取

嬰兒的哭聲是與世界交流的第一種語言，它不僅僅代表飢餓，更是對關愛與陪伴的需求。那些頻繁哭泣的嬰兒，往往比沉默寡言的孩子獲得更多關注。這種現象不僅存在於嬰兒時期，甚至延伸至成年後的職場與社會生活。懂得表達需求與爭取權益，往往比默默付出更能獲得公平的待遇。

職場中「會哭的孩子有糖吃」

在競爭激烈的職場中，光靠努力工作並不一定能獲得應有的回報。許多人習慣默默付出，卻不懂得向上爭取，導致長期被忽視，甚至被不公平對待。

美國金融業者安娜・賽洛維茨（Anna Szelwach）在她的職場經歷中發現，許多女性在薪資談判時往往比男性更保守，不敢提出加薪要求，導致薪資差距持續擴大。她在2019年的一場職場講座上指出：「你不主動開口，公司永遠不會主動為你加薪。」她鼓勵女性勇敢表達自己的價值，並分享了一位華爾街女分析師的經驗。

這位分析師起初的薪水比同期男性同事少了30%，她發現這個不公平的待遇後，並沒有選擇默默接受，而是整理出自己

的工作成果,包括她主導的專案、帶來的收益,然後與主管坦誠溝通。她強調:「我知道自己的價值,也知道市場對我的薪資水平。我希望公司能夠公平對待我。」最終,公司不僅為她加薪,還補發了之前的薪資差額。

職場上的不公

韓國影視作品《未生》曾描繪出職場中「不懂爭取就會被忽視」的現象。劇中的主角張克萊是一名臨時工,在職場上兢兢業業,卻總是被當作可有可無的存在。直到某次公司發生危機,他勇敢提出自己的觀點,並成功解決問題,才開始獲得上司的重視。

這與現實生活中的職場極為相似。那些敢於表達自己需求、主動展現能力的人,往往比默默耕耘者更容易獲得機會。

如何應對職場小人

職場中,還有另一種情況,那就是被他人搶功勞。辛苦工作的成果,可能在最後一刻被別人「橫刀奪愛」。面對這種情況,選擇默不作聲,往往只會助長不公平的職場文化。

美國心理學家亞當・格蘭特(Adam Grant)在《給予者與索取者》(Give and Take)中分析:「在職場上,過度謙遜的人容易

第二章　方圓之道

被剝削，而懂得適當捍衛自己權益的人，往往能獲得更好的職涯發展。」

他分享了一個案例：一位科技公司產品經理發現自己的提案被上司搶走，於是她選擇將所有與專案相關的數據、報告與文件記錄下來，並在適當時機向高層展示自己的貢獻。當她的上司試圖掠奪功勞時，她冷靜地拿出證據，向管理層證明專案的核心想法來自於自己。這種做法不僅保護了她的專業聲譽，也讓公司意識到她的價值，最終她獲得了晉升機會。

如何有效爭取應得的回報

（1）清楚自己的價值 —— 在談判前，先確保自己有充足的數據與證據，證明自己的貢獻與能力。

（2）選擇合適的時機 —— 避免在情緒激動時要求加薪或申訴，而是在公司評估期或專案成功後提出請求。

（3）建立支持系統 —— 讓同事、導師或人資部門成為你的後盾，確保你的訴求能被合理對待。

（4）勇敢發聲，但保持專業 —— 用理性且有策略的方式與主管討論，避免過度激動或情緒化。

（5）設立底線 —— 如果公司長期忽視你的貢獻，考慮是否應該尋找更好的機會。

本節重點

- 「不哭不鬧」不代表高尚,適當爭取是生存之道。
- 只會埋頭苦幹,不懂表達需求,最終可能淪為職場透明人。
- 懂得為自己發聲,才能讓他人看到你的價值。

職場不是講究「吃苦耐勞」的地方,而是要讓自己的努力被正確評估與回報。不要害怕爭取,只要方法得當,你才能確保自己不會被埋沒在沉默之中。

二、說真話的技巧

語言不僅是傳遞資訊的工具,更是影響人心、塑造關係的關鍵。德國詩人海因里希・海涅(Heinrich Heine)曾說:「言語之力,大到可以從墳墓喚醒死人,可以把生者活埋,把侏儒變成巨人,把巨人徹底打垮。」然而,說話的方式不同,結果可能天差地遠。直言無諱固然誠實,但有時候過於直白的話語,反而讓人產生防備心理,甚至造成反效果。

第二章　方圓之道

如何讓真話不刺耳

真話值得被說出口,但如何讓人接受,卻是一門學問。邱吉爾便是這方面的高手。他以犀利而機智的言辭聞名,但在給予批評時,卻總能讓人聽得心悅誠服。

二戰期間,邱吉爾有一次視察皇家空軍基地,發現一名高階軍官對飛行員過於苛刻,導致士氣低落。邱吉爾並沒有當眾斥責他,而是拍拍他的肩膀,微笑著說:「我年輕時也曾以為,偉大的領導者應該嚴格無情,直到我發現,讓士兵願意為你而戰,比命令他們戰鬥更重要。」軍官聽了,當下明白邱吉爾的用意,從此改變了領導風格。這便是智慧的表達方式 —— 不直接指責,而是讓對方自己領悟。

真話與善意的界線

語言是一種力量,而使用不當的話語則可能變成武器。美國作家馬克‧吐溫(Mark Twain)有一次受邀參加一場晚宴,主持人請他發表談話。吐溫站起來,只說了一句話:「我今天決定要說真話,所以不說話。」全場哄堂大笑。這句幽默的話,暗指許多場合的言語不過是場面話,卻又不讓人感到被冒犯,展現了高超的說話藝術。

二、說真話的技巧

如何在職場中表達不同意見

工作場合中,意見分歧是常有的事,但如果直白地批評他人,可能會破壞合作關係,甚至影響職涯發展。相反,若能委婉表達,往往更容易讓人接受。

國際建築大師貝聿銘在設計法國羅浮宮玻璃金字塔時,曾遭遇極大的阻力。許多法國人無法接受這座現代建築出現在經典的羅浮宮廣場上,輿論猛烈抨擊他的設計,甚至稱之為「玻璃棺材」。然而,貝聿銘沒有與批評者正面衝突,而是耐心舉辦多場說明會,向法國民眾解釋:「如果建築是一場對話,那麼這座金字塔將讓羅浮宮與現代進行對話。」他的語言不帶爭辯,而是帶領人們思考,最終成功說服法國政府,讓這座玻璃金字塔成為巴黎最具代表性的地標之一。

說話的藝術

有時候,過於直白的話語,不僅無法改變對方的觀點,甚至會適得其反。美國心理學家卡內基曾指出:「如果你想讓別人同意你的看法,就要讓對方覺得這個想法是他自己想出來的。」換句話說,與其硬碰硬地爭辯,不如讓對方自己發現問題,這樣才會真正接受改變。

第二章　方圓之道

本節重點

- 直話不一定要直說,懂得包裝,才能讓人聽進去。
- 在適當的時機與場合說話,比內容本身更重要。
- 語言是一種藝術,說話時請記住,不只是表達,還要影響他人。
- 真話如果能以幽默或故事的方式表達,將更容易被接受。

說話的藝術,不是要我們隱瞞真相,而是要我們學會如何讓真相更具影響力。掌握這項技巧,將讓你在人際關係與職場上更加順利。

三、懂得吃虧

「吃虧是福」不僅是一句老生常談的俗諺,更是一種深具智慧的生存之道。在現代社會,吃虧並不意味著毫無保留地讓渡利益,而是有計畫、有策略地運用「短期損失,換取長遠收益」的方式來提升個人價值與影響力。

很多成功者並非一路高歌猛進,而是在關鍵時刻選擇了「吃虧」,以此建立更深厚的關係,甚至開創更廣闊的機會。而這種「吃虧」,從來都不是愚蠢的犧牲,而是一種精心設計的讓步。

三、懂得吃虧

迪士尼的堅持

20世紀初，華特·迪士尼（Walt Disney）還只是一名默默無聞的動畫創作者，為了實現夢想，他與人合夥創立了「笑匠影業」（Laugh-O-Gram Studio），但由於經營困難，公司很快面臨破產。他的合夥人選擇退出，但迪士尼卻選擇了「吃虧」，堅持留在公司，並承擔所有債務。他獨自一人投入創作，最終誕生了《愛麗絲喜劇》（Alice Comedies），為他贏得好萊塢的關注，後來更在逆境中創造出全球知名的米老鼠角色。

迪士尼的「吃虧」，讓他短期內承受巨大的財務壓力，但也因此累積了寶貴的創作經驗，並為後來建立迪士尼王國奠定基礎。這種願意承擔短暫損失，以換取未來更大回報的精神，正是許多企業家成功的關鍵。

職場上的「吃虧」藝術

職場中，許多人都渴望公平，卻忽略了一個事實：公平並不是等著老闆來給，而是需要自己去爭取。而「吃虧」往往是這場爭取戰的最佳策略。

伊蓮·韋爾特羅斯（Eileen Wheltras）曾在《哈佛商業評論》（Harvard Business Review）撰文提到，她剛進入一家國際企業時，發現主管交給她的任務，比同事們更繁重，甚至有些超出

第二章　方圓之道

了她的職責範圍。起初她認為這是不公平的，但她決定換個角度思考：這是證明自己能力的機會。她不僅完成了所有額外的任務，還主動提出優化流程的建議，最終獲得主管的青睞，在一年內升遷，薪資也比同期進入的同事提高了50%。

她在文章中強調：「吃虧並不意味著放棄，而是學會把每一次看似不公平的挑戰，轉化成發揮自己能力的舞臺。」如果當初她選擇抱怨，或拒絕接下額外工作，她可能只是個平凡的職員，而不會成為公司最年輕的部門主管。

如何「吃虧」才能獲得最大回報

「吃虧」的關鍵在於，你的讓步是否能夠帶來更大的回報，而非無謂的犧牲。邱吉爾曾說：「戰略最重要的部分，不是攻擊，而是知道何時該退讓，何時該忍耐。」這句話放在任何競爭環境中都適用。

例如，韓國三星集團（Samsung）早年發展手機業務時，曾因技術不成熟而無法與諾基亞、摩托羅拉競爭。於是，三星選擇「吃虧」，先以低價進入新興市場，並大量投資研發，讓競爭對手低估他們的實力。結果，當蘋果與黑莓公司爭奪高階市場時，三星已悄悄成為全球市占率最高的手機品牌之一。

如何運用「吃虧」策略

(1) 短期讓步，換取長期利益

選擇性的讓利，往往能為你贏得更重要的資源或機會。

(2) 讓別人知道你的「吃虧」

「吃虧」的關鍵在於被看見。如果你願意承擔額外的工作，或為團隊犧牲個人利益，確保主管或關鍵人物知道，這樣才能轉化成未來的回報。

(3) 不盲目犧牲，要有策略地讓步

吃虧不是無條件的奉獻，而是要評估你能否從中獲得更大的價值。例如，為了一個關鍵專案的成功，願意多加班，甚至短期內不計較報酬，這樣才能贏得信任，獲得更高的發展機會。

本節重點

- 真正的「吃虧」，是為了獲得更大的回報，而不是毫無目的的犧牲。
- 短期內的讓步，往往能為長遠發展創造更有利的條件。
- 讓你的「吃虧」被關鍵人物看見，才能將吃虧轉化為資本。
- 「吃虧是福」的真正意義，在於能夠換來更大的價值，而不是單純的奉獻。

第二章　方圓之道

在競爭激烈的世界裡,「吃虧」並不意味著懦弱,而是一種智慧的選擇。學會策略性地讓步,才能在關鍵時刻取得更大的勝利。

四、巧妙展現自己

在現代社會,機會往往屬於那些懂得展現自己價值的人。然而,過於張揚的自我表現,反而容易引起反感,使人覺得浮誇或矯揉造作。真正聰明的人,懂得在適當的時機和場合,讓自己的能力自然浮現,而非刻意炫耀。

「表現自己」並不意味著高調宣揚,而是要用適當的方式,讓別人自然而然地認識到你的價值。真正高明的自我展現,是在不動聲色間影響他人,讓自己的能力與價值被看見,而非刻意彰顯。

低調的實力

英國演員艾瑪・華森(Emma Watson)因在電影《哈利波特》(*Harry Potter*)系列中飾演妙麗(Hermione Granger)而成名。然而,與許多童星不同,她並未過度依賴這部電影所帶來的名氣,而是選擇了低調而穩健的發展道路。

四、巧妙展現自己

在《哈利波特》系列結束後,她並未急於接拍大量電影,而是選擇進入美國常春藤名校布朗大學(Brown University)攻讀英語文學,展現她對學術的熱愛。她也利用自己的影響力,投身於聯合國婦女權益運動,並於2014年發表了著名的「HeForShe」演講。這場演講讓人們看見了她不只是個演員,更是一位具有深度思考的女性權益倡導者。

艾瑪・華森並未四處宣揚自己的成就,而是透過行動與選擇,讓世界自然地認識到她的能力與價值。這種低調卻堅定的自我展現,讓她成為娛樂圈中少見的智慧型偶像。

讓實力說話,而非張揚炫耀

職場上,有些人總是希望透過各種方式吸引主管的注意,例如過度強調自己的貢獻、刻意搶功,甚至打壓同事,結果往往適得其反。與其如此,不如學習如何讓自己的能力自然被看見,而非主動炫耀。

愛莉絲・伊格曼(Alice Eggman)是一位知名的企業管理顧問,曾在《哈佛商業評論》分享自己的經歷。她剛進入職場時,和許多人一樣,希望主管能夠注意到她的努力,於是她經常主動在會議上發表意見,甚至會刻意展示自己的專業知識。但她很快發現,這樣的做法讓同事感到壓力,甚至產生競爭意識,反而讓她在團隊中變得不受歡迎。

第二章　方圓之道

　　後來，她開始改變策略，選擇在關鍵時刻提出解決方案，而非每次都急著表現自己。當團隊遇到困難時，她會私下提供有建設性的建議，並在會議中支持同事的想法，而非一味地推銷自己。結果，不僅主管開始注意到她的能力，同事也對她更加信任，願意與她合作。

如何在不露聲色間展現自己

（1）選擇適當的時機發言

　　在會議或討論中，不要為了發言而發言，而是當你的意見能夠真正解決問題時，再提出你的觀點。這樣，你的話語就會更具分量，而不是流於表面。

（2）透過行動展現能力，而非言語

　　與其不斷強調自己的貢獻，不如讓自己的工作成果為自己說話。例如，當你主導一個專案時，確保專案順利完成，而不是在每個環節都提醒別人你的貢獻。

（3）支持他人，而非爭功

　　在團隊中，學會讚揚他人的優點，並適時地支持同事的想法。這不僅能讓你贏得人緣，也能讓你的影響力更加深遠。

（4）讓別人來肯定你的價值

　　當你的努力被別人主動提及時，影響力遠勝於你自己去強

調。例如，當你的主管或同事在公開場合稱讚你的貢獻時，這比你親自吹噓自己更具說服力。

本節重點

- 真正的自我展現，不是刻意張揚，而是透過行動讓人自然認識你的價值。
- 在適當的時機發言，而不是每次都急於表現自己，才能讓你的意見更具分量。
- 幫助他人，而非爭功，才能在團隊中建立真正的影響力。
- 最成功的自我展現，是讓別人來稱讚你的價值，而非你自己去宣揚。

在這個競爭激烈的世界裡，懂得如何「不露聲色」地展現自己，遠比單純的炫耀來得更具影響力。讓你的能力自然浮現，而不是刻意推銷，這才是最高明的生存之道。

五、化敵為友

在競爭激烈的社會裡，敵人往往是我們最不願意面對的存在。然而，真正的成功者懂得將敵人轉化為推動自己進步的力量，甚至能與之化敵為友，從競爭中獲得新的機會。

第二章　方圓之道

有句話說:「最好的復仇不是擊敗對手,而是讓對手成為你的夥伴。」許多知名企業家、運動員與藝術家都曾與競爭對手結下深厚的友誼,因為他們明白,一個值得尊敬的敵人,遠比一個被毀滅的敵人來得更有價值。

恩怨與和解

美國籃球傳奇人物麥可・喬丹(Michael Jordan)與以賽亞・湯瑪斯(Isiah Thomas)的競爭關係,在1980年代末與1990年代初可說是NBA歷史上最著名的對決之一。當時,湯瑪斯率領底特律活塞隊(Detroit Pistons)在東區季後賽連續淘汰喬丹的芝加哥公牛隊(Chicago Bulls),並以「喬丹法則」(Jordan Rules)針對他施加激烈防守,讓喬丹極為不滿。這場競爭不僅影響了比賽,甚至傳聞喬丹曾在1992年「夢幻隊」(Dream Team)成員選拔時施壓,讓湯瑪斯無緣入選。

然而,隨著時間推移,喬丹與湯瑪斯的關係開始有了轉機。多年後,喬丹在訪談中承認,當年與湯瑪斯的恩怨雖然激烈,但他從未否認湯瑪斯是一名偉大的球員。另一方面,湯瑪斯也公開表示,無論過去如何,他始終敬佩喬丹的球技與精神。最終,他們在不同的公開場合互相致意,並在籃球界的歷史上,留下了不只是競爭,還有相互尊重的篇章。

這樣的例子告訴我們,競爭並非永遠是對立的。懂得在適

當的時機釋出善意,不僅能讓自己從敵意中解脫,更能獲得未來可能的合作機會。

擁抱對手,可能會帶來機會

在商場上,「敵人」往往代表著競爭對手,然而,許多成功的企業家都明白,適時地與競爭對手合作,甚至擁抱對手,能帶來更大的利益。

史蒂夫・沃茲尼克(Steve Wozniak),蘋果公司的共同創辦人之一,就曾在訪談中提到,他與蘋果的主要競爭對手比爾蓋茲雖然在商場上競爭激烈,但私下仍保持一定的友好關係。他們經常在技術研討會上交換意見,甚至在某些專案上互相學習。這樣的關係使得兩家公司在競爭中仍能保持互相尊重,並共同促進科技產業的發展。

如何有效地擁抱敵人

(1) 在言語上給予對手尊重

不論競爭多麼激烈,避免公開羞辱或攻擊對手,反而可以適時地稱讚對方的優點,讓對方感受到你的誠意。

(2) 創造合作的機會

當競爭已經進入白熱化階段,思考是否有可能轉化競爭為

第二章　方圓之道

合作。例如，如果你的公司與對手公司產品有互補性，不妨尋求戰略合作，而非惡性競爭。

（3）避免過度計較短期得失

競爭不代表一定要讓對方輸得一敗塗地，有時候，退一步反而能為自己創造更大的機會。學會長遠布局，而非只顧眼前勝負。

（4）在公開場合表現大度

即使私下對競爭對手有所不滿，在公開場合仍應展現風度，這不僅能贏得尊重，也能塑造自己更具領袖風範的形象。

本節重點

- 最好的復仇不是擊敗敵人，而是讓敵人成為你的夥伴。
- 競爭可以推動成長，而非僅僅是衝突。
- 擁抱你的對手，可能為你帶來更多機會，而非僅僅是妥協。
- 真正的成功者，懂得如何將敵人變成資源，而非障礙。

在這個充滿競爭的世界裡，懂得如何「擁抱敵人」，不僅是智慧的展現，更是成功者必備的心態與策略。畢竟，沒有對手，便沒有進步的動力，而能夠轉化競爭為合作的人，才是真正的贏家。

六、仁慈的力量

仁慈往往被理解為對弱者的幫助，或是無條件的付出。然而，真正的仁慈不僅限於物質上的施捨，更是一種精神上的影響力。當一個人選擇以仁慈待人，他所影響的不只是個別對象，更可能形塑一整個社群，甚至影響歷史進程。

仁慈的力量不僅體現在助人為樂，更是帶來正向循環的催化劑。歷史上許多成功的企業家、政治家與領袖，無不深諳仁慈的價值，並以此建立穩固的人際關係與長久的影響力。

非暴力抗爭

美國民權運動領袖馬丁・路德・金恩（Martin Luther King Jr.）以非暴力抗爭的方式改變了美國社會。他堅信：「黑暗無法驅逐黑暗，只有光明可以；仇恨無法驅逐仇恨，只有愛可以。」這句話成為他倡導社會變革的核心理念。

金恩博士的仁慈並非軟弱，而是一種力量。他拒絕以暴力回應種族歧視，反而以和平抗爭喚起公眾的良知，最終促成美國《1964 年民權法案》（*Civil Rights Act of 1964*）的通過，改變了千萬人的命運。他的行動證明了，仁慈並非屈從，而是最具影響力的社會變革工具。

第二章　方圓之道

仁慈也是競爭力

在現代商業環境中，許多企業家發現，仁慈不僅是一種道德選擇，更是一種長遠發展的策略。當企業選擇善待員工、關懷社會，往往能建立更強的品牌形象與忠誠客戶群。

美國連鎖餐廳「西南航空」(Southwest Airlines)的創辦人赫布・凱勒埃(Herb Kelleher)便是一個例子。他以「先對員工仁慈，員工才會對顧客仁慈」的理念經營企業，拒絕以低薪與惡劣待遇來壓榨員工，反而提供良好的薪資與工作環境。這種方式不僅提升了員工的工作熱忱，也使得西南航空的服務品質遠勝於競爭對手，最終成為美國最成功的航空公司之一。

如何在日常生活中實踐仁慈

(1) 用同理心理解他人

仁慈不只是施予，更是一種理解與寬容。面對與自己意見不同的人，試著從對方的立場思考，而非急於批評。

(2) 創造「善的循環」

日本企業家吉田忠雄提出「善的循環」理念，主張企業應讓利於消費者、代理商與員工，最終會得到更大的回報。這種模式證明了仁慈並非單向施予，而是一種長遠的互惠。

六、仁慈的力量

(3) 面對敵意時，選擇包容

面對批評或不公平對待時，以寬容回應往往能讓局勢扭轉。例如，南非前總統納爾遜‧曼德拉（Nelson Mandela）在出獄後選擇與過去的敵人合作，而非進行報復，最終成功實現南非的和解與社會穩定。

本節重點

- 真正的仁慈不只是施捨，而是理解、寬容與影響力。
- 仁慈是一種力量，能改變個人、社會，甚至世界。
- 在競爭激烈的社會裡，仁慈是一種長遠的智慧，而非短視的軟弱。
- 選擇善待他人，最終會為自己帶來更大的幸福與成功。

仁慈，不僅是道德上的選擇，更是改變世界的方式。當我們以仁慈待人，不只是幫助了別人，也為自己創造了一個更美好的世界。

第二章　方圓之道

七、讚美的藝術

人們喜歡讚美，因為這是一種肯定與認可的方式。但讚美與奉承之間的界線往往模糊，適當的讚美能夠激勵人心，而過度的恭維卻可能讓人感到虛偽與不自在。因此，讚美需要技巧，掌握得當才能發揮其真正的力量。

心理學家羅伯特‧西奧迪尼（Robert Cialdini）在其著作《影響力》（*Influence: The Psychology of Persuasion*）中指出，適當的讚美可以建立信任感，增強人際關係，甚至影響他人對自己的評價。然而，當讚美過於浮誇，或帶有明顯目的性時，則容易引起對方的警戒心理，反而適得其反。

運用讚美改變職場氣氛

在職場上，適當的讚美可以改善人際關係，提升團隊合作的氛圍。一項研究顯示，當主管適時稱讚員工的努力時，員工的工作滿意度與效率都會明顯提升。這種讚美不需要誇張，只要能夠真誠點出對方的優勢，就能發揮正向影響。

黑石集團（Blackstone Group）的創辦人蘇世民（Stephen A. Schwarzman）以激勵型領導聞名。他深知，單純的物質獎勵並不足以留住人才，因此他經常公開讚美員工的表現，並在內部

信件中特別表彰那些貢獻卓著的員工。這種做法不僅提升了團隊士氣，也讓員工更願意為公司付出努力。

成功人士如何運用讚美

英國前首相邱吉爾以口才與領導能力著稱，他的演講激勵了無數英國人民。但邱吉爾不僅僅是個演說家，他在日常生活中也非常擅長運用讚美來凝聚人心。

有一次，一位年輕官員向邱吉爾請教如何獲得上司的認可。邱吉爾回答：「如果你的上司值得敬佩，那麼你應該讓他知道這點；如果你的上司做得不夠好，那麼你應該幫助他成為更好的領導者。」這句話的意思是，讚美不只是討好，而是一種鼓勵與引導。

適當的讚美，比恭維更有力量

如何讓讚美既真誠又具影響力？以下幾個方法可以參考：

(1) 讚美要真誠，而非刻意討好

如果你只是為了讓對方高興而無條件稱讚，對方很容易察覺你的讚美是不真實的。真誠的讚美應該基於對方的真實優點，而非隨意奉承。

第二章　方圓之道

(2) 讚美要具體，而非空泛

「你很棒！」這類空泛的讚美，往往缺乏說服力。如果你能具體指出對方的優勢，例如「你今天的報告條理分明，數據分析得很精確」，這樣的讚美才會讓對方真正感受到你的認可。

(3) 讚美要符合時機與對象

了解對方的性格與需求，是讚美的關鍵。有些人重視外表，你可以讚美他們的穿搭；有些人重視專業成就，你可以稱讚他們的工作表現。針對不同的人，讚美的方式也要適當調整。

(4) 避免過度讚美，讓讚美更具價值

如果一個人總是過度稱讚別人，久而久之，讚美的價值就會降低，甚至讓人產生反感。因此，適時適量的讚美，才能真正發揮其影響力。

本節重點

- 真誠的讚美可以拉近人際關係，而虛偽的恭維只會帶來反感。
- 讚美應該具體、適當，而非空泛或過度。
- 在適當的時機給予適當的讚美，比無謂的奉承更具影響力。
- 透過讚美激勵他人，不僅能讓對方受益，也能提升自己的影響力。

讚美是一門藝術，當你懂得如何運用它，你就能在人際關係與職場發展中發揮更大的優勢。適當的讚美，不僅能讓對方感到愉悅，也能讓自己成為更受歡迎的人。

八、言行一致

在義大利羅馬，有一座著名的雕像「真理之口」（Bocca della Verità），傳說如果一個人把手伸進去並撒謊，雕像便會咬住他的手。雖然這只是民間傳說，卻反映了人們對誠信的渴望與追求。

誠信不只是道德準則，更是為人處世的基石。一個人若言行不一，將難以獲得他人的信任，進而影響自己的人際關係與事業發展。因此，許下承諾後，就必須努力兌現，否則不僅會讓人對你失望，更可能影響你的長遠發展。

以誠立身，贏得人心

在 2009 年金融危機後，美國知名銀行家傑米・戴蒙（Jamie Dimon），時任摩根大通（JPMorgan Chase）執行長，做出了一個關鍵決定：堅持履行對合作夥伴的承諾。當時許多金融機構因市場動盪紛紛違約，但戴蒙仍選擇遵守與客戶和合作夥伴的協議，即使這意味著公司短期內可能會承受巨大財務壓力。這一

第二章　方圓之道

舉動不僅保住了摩根大通的信譽,也在金融界樹立了典範,讓公司在危機過後迅速恢復,甚至擴展其市場影響力。

在風雨飄搖之際,誠信比短期利益更重要,唯有信守承諾,才能在長遠的競爭中立於不敗之地。

誠信在商場中的價值

在商業世界裡,誠信不僅是道德規範,更是企業成功的核心競爭力。瑞士鐘錶品牌勞力士(Rolex)長期以來堅持其「品質第一,信譽至上」的經營理念。即使在市場需求高漲時,勞力士仍嚴格控制產量,確保每一支手錶都符合最高標準,從未因短期利潤而降低品質或改變其嚴格的生產流程。這種對品質與承諾的堅持,使勞力士成為全球最受信賴的奢侈品牌之一,其產品長期保值,甚至在二手市場上依然極具競爭力。

企業的成功往往取決於它是否值得信賴,而勞力士的例子證明,真正的商業價值來自於長期建立的信譽,而非短期的市場操作。

本節重點

- 所謂「守信譽」,就是說到一定要做到。
- 一個人沒有信用,人生途中就會寸步難行。

■ 誠信不但是人性的基礎,更是創造財富的基石。
■ 只有守信譽,才能取信於人。

　　誠信不僅是做人做事的基本原則,更是創造財富與人際信任的關鍵。在人際交往中,唯有言出必行,才能建立長久信任。那些輕諾寡信之人,終究會失去朋友與合作夥伴,甚至影響自己的職業生涯與社會地位。

九、謊言也可以是善意

　　從小,我們被教導不能說謊,「狼來了」的故事成為道德教育的經典,警惕我們誠實的重要性。然而,當我們步入社會,卻發現謊言無所不在,甚至有些謊言能夠改變人的一生。這讓我們重新思考:「謊言」是否真的一無是處?事實上,善意的謊言不僅能帶來溫暖,更能成為推動人前進的動力。

善意的謊言改變人生

　　美國著名物理學家理查・費曼(Richard Feynman)小時候並不是一個特別出色的學生,他的數學成績甚至曾一度落後於同齡人。然而,當時的數學老師在一次課堂上,特意表揚了他的解題方法「很有創意」,並告訴他:「你有成為數學家的潛力!」

第二章　方圓之道

費曼當時並不覺得自己特別聰明，但老師的話讓他開始對數學產生興趣，並努力學習。後來，他在物理學領域取得了巨大成就，成為諾貝爾物理學獎得主。

多年後，他回憶起這件事時才發現，當年的「創意解題」其實並不算特別出色，老師的稱讚更像是一個「善意的謊言」。但正是這個謊言，讓他重拾信心，並最終在科學界發光發熱。

謊言的藝術

說謊聽起來是個負面的行為，但善意的謊言若使用得當，能成為一種情感的潤滑劑，甚至可以幫助他人度過難關。然而，說謊也是一種技巧，若用得不恰當，可能適得其反。例如，當朋友因考試失利而沮喪時，與其直接說「你的準備不夠好」，不如說：「這次的試題真的特別刁鑽，換成其他人也不一定能考好。」這樣的話語既能安慰對方，又不失事實。

美國心理學家保羅・艾克曼（Paul Ekman）在他的研究中指出，人類每天都會聽到、說出無數個謊言，其中許多都是「無傷大雅」的善意謊言，例如：「你看起來氣色很好！」、「你的報告寫得真棒！」這些話語雖然不一定完全符合事實，但卻能讓人感受到被鼓勵與肯定，進而產生正向的心理作用。

誠實與善意謊言的平衡

雖然善意的謊言能夠讓人感受到溫暖,但若過度使用,可能會適得其反,甚至導致信任危機。例如,如果某位主管習慣對員工過度誇讚,卻在實際績效考評時給出相對低的評價,這種「過度美化的話語」可能會傷害員工的信任。因此,適度的謊言應該建立在不傷害他人、不影響事實發展的前提下,才能真正發揮其正向作用。

本節重點

- 善意的謊言應該是無傷大雅的,且帶有正向意圖。
- 適度的謊言能成為鼓舞人心的力量,但不能過度使用。
- 在誠實與謊言之間找到平衡,才是成熟的社交智慧。

十、以寬容化解恩怨

在《馬太福音》(*Matthew*)中,有這樣一條教義:「當有人打你的右臉時,你應該把左臉也轉過來讓他打。」這句話乍聽之下似乎難以理解,然而,許多真正信仰基督教的人將其視為至高的道德準則。莎士比亞時代的英國正是基督教盛行的國度,

第二章　方圓之道

因此，不論是莎士比亞本人，還是當時的社會，都對「以德報怨」的理念推崇備至。這種寬容的態度，不僅能化解仇恨，也能成就更高的境界。

以德報怨，贏得人心

美國總統亞伯拉罕・林肯（Abraham Lincoln）就是一個擅長「以德報怨」的領袖。在美國內戰期間，他的一位政治對手愛德溫・史坦頓（Edwin Stanton）曾經公開侮辱他，稱他為「鄉巴佬」、「不懂政治的無能之輩」。然而，當林肯當選總統後，他並未報復史丹頓，反而提拔他為戰爭部長（相當於今日的國防部長），因為林肯認為史丹頓的才華值得被國家重用。

史丹頓最初對林肯的決定感到驚訝，甚至依舊對他冷嘲熱諷，但隨著時間的推移，他逐漸發現林肯的寬宏大量與領導才能，最終成為他的忠實支持者。當林肯遭暗殺後，史丹頓含淚哀悼，並說出了著名的話：「這裡躺著的是地球上最偉大的人之一。」這段歷史不僅展現了林肯以德報怨的風範，也證明了寬容與仁愛能夠改變人心。

寬容的力量

人與人之間的摩擦與衝突在所難免，若一味以牙還牙，只會讓仇恨無限循環，最終導致兩敗俱傷。相反，以德報怨能夠

十、以寬容化解恩怨

化敵為友,創造雙贏的局面。

企業家安德魯‧卡內基(Andrew Carnegie)在年輕時曾與一位同行發生嚴重的商業糾紛。那位競爭對手為了打擊卡內基的鋼鐵事業,不斷在市場上抹黑他,甚至惡意壓低價格,試圖讓卡內基破產。然而,當這位競爭對手最終面臨財務危機時,卡內基卻主動伸出援手,不僅提供資金幫助對方度過難關,還與他建立了長期的合作關係。這位曾經的對手後來成為卡內基鋼鐵公司的重要夥伴,兩人共同壟斷了美國的鋼鐵市場,創造了巨大財富。

並非軟弱,而是智慧

許多人誤以為以德報怨是一種懦弱的表現,事實上,這是一種極大的智慧。當你選擇原諒與包容,並不代表你軟弱,而是你已經超越了仇恨,掌握了局勢的主導權。對方可能會因你的寬容而自省,甚至因此成為你的支持者。這樣的態度,不僅有助於維護人際關係,也能在競爭激烈的環境中,為自己贏得更多盟友。

心理學研究也顯示,寬容與原諒能夠減少壓力,提高幸福感,甚至改善身心健康。哈佛大學的研究指出,那些願意寬恕他人的人,壓力荷爾蒙(如皮質醇)水平較低,心血管疾病的風險也相對較小。

第二章　方圓之道

本節重點

- 以德報怨,不是軟弱,而是一種掌控局勢的智慧。
- 真正的強者,不是打敗對手,而是讓對手成為自己的夥伴。
- 寬容能減少仇恨,提升人際關係,也能帶來心理與生理的健康。

十一、巧妙地拒絕

俗話說「人情難卻」,當別人向你提出要求時,有時我們並不願意答應,卻又因為不好意思或怕傷害對方面子而勉強同意。然而,拒絕不當不僅容易令對方不快,甚至可能影響人際關係,失去朋友或得罪上司。因此,學會如何委婉地說「不」,是一門重要的社交藝術。

說「不」的藝術

有一次,美國知名演員梅莉·史翠普(Meryl Streep)在接受訪問時,談到了她年輕時如何學習拒絕別人的經驗。她說,剛進入演藝圈時,她總是不好意思拒絕一些角色,即使那些角色並不適合她,或是與她的價值觀不符。她害怕拒絕會讓她失去機

會,但她發現,當她勇敢地說「不」,並解釋自己真正想要的東西時,反而贏得了更多的尊重,最終也能接到更適合她的角色。

委婉拒絕不僅可以避免衝突,還能讓對方理解你的立場,甚至提升你的形象。

不同情境下的委婉拒絕法

(1) 對朋友的邀約

有時朋友會邀請我們參加聚會或活動,但我們可能已經有其他安排,或是不想參加。這時,可以這樣說:

「聽起來真的很棒!可惜我今天已經有安排了,下次一定一起去!」

「這個活動感覺很有趣,但我可能不是最適合的夥伴,或許你可以找更喜歡這類活動的人?」

(2) 對職場同事的請求

如果同事請求你幫忙做額外的工作,而你實在無法應付,可以這樣回應:

「這是一個很重要的專案,但我現在的工作負荷已經滿了,可能無法保證品質,或許可以請其他人一起分擔?」

「我希望能幫忙,但目前手上還有幾個緊急任務,可能需要調整時間表。」

第二章　方圓之道

(3) 對上司的要求

上司的要求通常難以拒絕，但如果真的做不到，可以採取「提供解決方案」的方法：

「我理解這個任務很重要，但如果能有更多的時間或資源，我會更有把握把它做好。」

「這個專案我非常願意參與，但目前的工作量已經很滿，請問有沒有其他同事可以協助？」

(4) 對客戶或合作夥伴

在商業談判或客戶溝通中，直接拒絕可能影響關係，因此可以這樣說：

「這個提議很有價值，但我們目前的方向可能不太適合這樣的安排，或許我們可以討論其他合作的可能性？」

「我們很欣賞你的想法，但目前的資源有限，可能無法完全配合，希望未來能有更合適的機會合作。」

幽默與智慧的拒絕方式

有時候，運用幽默可以讓拒絕變得更輕鬆。例如，邱吉爾曾經在一次宴會上被問到：「你能不能借我五百英鎊？」

他幽默地回答：「我的錢包裡只剩五英鎊，但如果你能接受，

我很樂意借給你。」這句話既表明了他的立場，又讓對方不會覺得尷尬。

婉拒的技巧

以下是幾種常見的委婉拒絕方法，可以根據不同場合靈活運用：

(1) 謝絕法：「謝謝你的邀請，真的很榮幸，不過這次可能不方便參加。」

(2) 婉拒法：「這聽起來很不錯，但我還需要考慮一下，過幾天再給你答覆。」

(3) 不卑不亢法：「我了解你的需求，但這件事可能需要更合適的人來處理。」

(4) 幽默法：「如果我能複製一個自己，那當然沒問題，但很可惜，我還沒找到這個方法！」

(5) 緩衝法：「我現在時間比較緊，但我們可以看看未來是否有更適合的機會合作。」

(6) 補償法：「這次可能沒辦法幫忙，但如果你需要其他協助，我很樂意幫忙。」

第二章　方圓之道

本節重點

- 委婉拒絕是一門藝術，懂得說「不」，能讓你在人際關係中更加從容。
- 拒絕不一定要直接，適當的緩衝與補償可以減少對方的不滿。
- 幽默與智慧的拒絕方式，能讓你在保持原則的同時，不傷害對方的感受。

十二、包裝你的批評

批評是一門藝術，能讓人接受的批評，往往不是直截了當的指責，而是經過巧妙包裝的建議。真正高明的批評，不只是指出錯誤，而是透過交流與引導，讓對方心悅誠服地改正缺點，而不會心生抵觸。

批評的技巧

提起批評，許多人第一時間想到的是「挑剔」，但真正有效的批評，應該像醫生開藥一樣，在「苦藥」外層加上一層糖衣，使其更容易被接受。在企業管理中，成功的領導者往往善於運用「建設性批評」，以鼓勵代替打擊，讓員工願意改進，而非感

到挫敗。例如,特斯拉(Tesla)與 SpaceX 的創辦人伊隆・馬斯克以高標準聞名,但他不僅挑戰員工的極限,還會親自指導,並鼓勵創新。

曾有工程師向他展示一款新設計,但馬斯克發現其中存在重大問題。他並沒有直接批評,而是先說:「這個概念很有趣,我們可以改進的地方在哪裡?」這樣的方式,既讓對方感受到肯定,也讓對方更願意接受改進意見。

如何讓批評更有效

當人犯錯時,最難以接受的就是被眾人圍攻,這不僅會傷害自尊心,還會激起防衛心理,使人更不願改變。心理學家戴爾・卡內基認為,批評的真正目標,不是讓對方難堪,而是讓對方願意調整行為。因此,批評時應避免直白指責,而是透過提問、鼓勵或給予建議,讓對方自己發現問題,進而願意改變。

例如,美國連鎖超市沃爾瑪(Walmart)創辦人山姆・沃爾頓(Sam Walton)曾經發現一名員工在處理顧客投訴時態度生硬,直接拒絕了客戶的退款要求。他沒有直接責備這名員工,而是詢問:「如果你是顧客,這樣的服務會讓你想再來光顧嗎?」這樣的方式,讓員工自己反思,而非被迫接受批評。

第二章　方圓之道

批評的智慧

批評時，適當的包裝能讓對方更容易接受。例如，一位主管發現下屬經常遲到，與其直接說「你為什麼總是遲到？」不如換個方式：「我注意到你最近的工作時間安排似乎有些挑戰，需要我們一起想個解決方案嗎？」這種方式不會讓對方感到被攻擊，而是讓他有機會主動承認問題，並尋求解決辦法。

此外，批評不應該只是單方面的「挑錯」，而應該結合表揚。例如，如果某位員工的報告內容不夠完整，主管可以先說：「你的分析很有深度，數據也整理得很好。如果能再補充一些市場趨勢的資訊，這份報告會更加完整。」這樣的方式，讓對方感受到肯定，也更容易接受改進建議。

本節重點

- 批評不是指責，而是幫助對方進步。
- 適當包裝批評，能讓人更容易接受並改進。
- 批評時，也別忘了肯定對方的優點。

批評的目的，是幫助對方成長，而不是打擊對方的自信。善用技巧，讓批評變得更具建設性，才能真正發揮其價值。

十三、凡事留一線

　　誠信是為人處世的重要準則，然而，過度的固執堅守，反而可能讓自己陷入困境。真正聰明的人懂得，在適當的時機給自己留有餘地，才能靈活應對變化，確保自身的利益不受損害。歷史上許多成功者，並非因為一成不變的堅持，而是懂得適時調整策略，讓自己始終處於主動。

靈活應變的重要性

　　我們從小被教導「言出必行」，但如果這句話被視為絕對法則，反而可能造成不必要的損失。比爾蓋茲剛創辦微軟時，曾經向 IBM 推銷自己的作業系統。但當時微軟並沒有一個完整的作業系統產品，而比爾蓋茲卻向 IBM 承諾可以提供解決方案。

　　事實上，他們當時還沒有開發完成，而是透過購買他人開發的 QDOS 系統，然後改進為 MS-DOS，最終成功交付給 IBM。這種「先承諾，後解決」的策略，讓微軟在短短幾年內崛起，成為全球最具影響力的科技公司之一。如果比爾蓋茲當時因為擔心技術尚未成熟而拒絕合作，那麼微軟可能根本無法在市場上立足。

第二章　方圓之道

以退為進，爭取更大優勢

　　有時候，適度的讓步能換來更長遠的成功。二戰期間，英國首相邱吉爾面對德國的猛烈攻擊，曾被迫與美國總統羅斯福談判，希望獲得美國的軍事與經濟支持。當時美國仍保持中立，並未正式介入戰爭。邱吉爾深知直接要求美國參戰可能會適得其反，因此，他改採「租借法案」的方式，允許美國提供武器與資源，而英國則承諾戰後償還。這種靈活的策略，不僅讓英國成功度過最危險的時期，也最終促使美國加入戰爭，改變了戰爭的結局。如果邱吉爾當時過於堅持直接軍事援助，可能反而會讓美國更加退縮，英國也會陷入更嚴峻的局勢。

給自己預留「反悔」的空間

　　生活中，許多人因為逞一時之快而做出過度承諾，最終陷入被動。例如，當朋友請求幫忙介紹工作，而你並無合適機會，直接拒絕可能會損害彼此關係，但過度承諾又會導致後續難以兌現。這時候，你可以先請對方提供詳細的履歷和相關資料，並表示：「我一定會盡力幫忙，請給我幾天時間看看有沒有合適的機會。」過幾天再告知：「我已經向幾個朋友詢問過了，但目前沒有適合的職位，不過未來如果有機會，我一定會幫忙留意。」

十三、凡事留一線

這樣的做法,既不會讓對方感覺被直接拒絕,又不會讓自己陷入信譽危機。

本節重點

- 做人要為自己留有轉圜的餘地。
- 靈活應變比固執堅持更能帶來長遠的成功。
- 承諾時預留空間,能讓未來的變化更容易應對。

「退一步海闊天空」,適當的讓步與靈活的應對,不是失信,而是一種智慧。真正的誠信並非一味死守承諾,而是在不傷害他人信任的前提下,懂得如何調整策略,以確保自己始終掌握主動權。

第二章　方圓之道

第三章
以智取勝

第三章　以智取勝

一、掌握制勝關鍵點

無論是在職場、商業談判還是人際交往中，想要影響對方的決策，就必須掌握對方的核心需求或軟肋。這不意味著威脅或脅迫，而是透過了解對方的痛點、興趣、顧慮，來引導局勢朝對自己有利的方向發展。這種策略，不僅能提升自己的影響力，還能讓自己在競爭與合作中占據主導地位。

以巧制勝，掌控談判主導權

美國前總統林登・詹森（Lyndon B. Johnson）以其高超的政治手腕聞名，他在推動《1964年民權法案》（*Civil Rights Act of 1964*）時，就展現了如何掌握對手的關鍵點，進而影響局勢的能力。

當時，美國國會內有許多南方州議員強烈反對這項法案，但詹森深知這些議員雖然不願意支持民權運動，卻對地方經濟發展和選民利益非常在意。因此，他並沒有正面對抗，而是透過利益交換，例如提供更多聯邦補助、基礎建設計畫，甚至透過人情關係影響這些議員，讓他們轉而支持法案。這樣的手法，使得民權法案最終獲得通過，改變了美國的種族平權歷史。

詹森的成功，來自於他對於對手需求的精準掌握。他沒有

一、掌握制勝關鍵點

選擇直接對抗,而是透過了解對方的軟肋,運用談判策略來達成自己的目標,這正是「攻心為上」的最佳體現。

找到突破點,化敵為友

在商業世界中,許多成功的合作關係,都是從競爭甚至敵對開始的。2010 年,微軟與 Netflix 原本是市場上的競爭對手,微軟的 Xbox Live 提供影音內容,而 Netflix 則是崛起的串流媒體平臺。然而,微軟發現影視串流市場正在迅速成長,而 Netflix 則需要更穩定的雲端運算技術來支撐龐大的用戶需求。於是,微軟決定提供 Azure 雲端運算服務給 Netflix,讓其能夠提升運作效能、擴展市場規模,進一步挑戰傳統的有線電視產業。

這種「相互掌控對方需求」的策略,使得雙方從競爭對手轉變為合作夥伴,並共同改變了全球影音市場的生態。微軟藉由這場合作,強化了 Azure 的市場地位,而 Netflix 則得以穩定發展,成為全球最具影響力的串流媒體平臺之一。

以策略掌握對手的心理

不僅在政治與商業領域,人際關係的處理也同樣講求「攻心為上」的原則。在職場中,一位出色的管理者,往往能夠透過掌握員工的需求與動機,來有效提升團隊的合作與效能。例如,

第三章　以智取勝

一位新上任的主管，可能會發現某些員工對自己的領導方式存有疑慮，甚至表現出敵意。如果他選擇直接壓制對方，不僅會加深對立，還可能導致團隊內部的分裂。然而，若是這位主管選擇透過關心對方的需求，例如給予更多發展機會、參與決策的權利，甚至給予某些小小的權限與責任，那麼原本對立的員工可能會逐漸轉變態度，從懷疑變成信任，甚至成為主管的得力助手。

這種「先抓住對方需求，再逐步引導」的策略，遠比直接對抗來得有效，也能讓自己在團隊中建立更強的影響力。

善用關鍵點，創造影響力

在談判、管理或人際關係中，掌握對方的關鍵點，往往能夠改變整個局勢的發展方向。一個好的談判者，不僅要知道自己想要什麼，更要明確對方的需求，甚至在必要時「創造需求」，讓對方不得不接受自己的條件。這種手法雖然帶有策略性，但如果運用得當，往往能夠達到雙贏的結果，讓彼此都獲得最佳利益。

本節重點

- 掌握對方的關鍵點，才能真正掌控局勢。
- 影響力來自於對對手需求的了解，而非單純的對抗。
- 用智慧取勝，而非蠻力，才能真正達到「攻心為上」的效果。

二、學會讚美，魅力加倍

在日常生活中，人們對於讚美的態度往往存在矛盾。一方面，大家都渴望被肯定與讚美，另一方面，過於露骨的稱讚卻可能被視為討好或阿諛奉承。事實上，真誠且恰到好處的讚美，不僅能讓人際關係更加融洽，還能為彼此建立更深厚的信任基礎。

心理學家亞伯拉罕‧馬斯洛（Abraham Maslow）提出的需求層次理論中指出，自尊與自我實現是人類較高層次的需求。而這些需求的實現，往往依賴於外界的肯定與認可。當我們適時給予讚美，實際上是在滿足對方對於榮譽感與成就感的渴望，從而提升他們的自信與動力。

第三章　以智取勝

不僅是禮貌，更是一種藝術

美國知名企業家約翰・洛克斐勒以經營石油事業聞名，他不僅是一位商業巨擘，更是一名擅長激勵人心的領袖。他深知，人們最渴望的就是認同，因此他在管理企業時，總是會善用讚美來提升員工的士氣。

有一次，一名工程師提出了一項技術改進方案，雖然最終並未被採用，但洛克斐勒卻對這名工程師說：「你的想法非常有創意，這種思考模式對我們的公司來說極其重要。」這句話讓工程師大受鼓舞，日後更積極投入研發，最終成功研發出為公司創造數百萬美元利潤的技術。

這個案例說明，高明的讚美不僅能帶來短期的好感，更能在長期發展中發揮不可估量的影響力。

讚美他人，也是在塑造自己的形象

有些人可能會認為，稱讚別人會讓自己顯得矮一截，甚至削弱自身的價值。然而，心理學研究顯示，善於讚美別人的人，往往更受歡迎，並且在人際交往中更具吸引力。因為他們能夠帶給他人正向的能量，使人與他們相處時感到愉快與自在。

在職場上，一個懂得適時讚美他人的人，往往更容易建立起良好的合作關係，甚至獲得更多的機會。當同事或下屬表現

良好時,主管若能及時給予肯定與讚美,便能增強員工的歸屬感與工作積極性,進而提升整體團隊的效率與表現。

讚美需掌握技巧,避免弄巧成拙

儘管讚美是一種強大的溝通工具,但如果方式不當,反而可能產生反效果。例如,過度誇張或流於表面的讚美,可能會讓人覺得虛偽,甚至引起反感。因此,在讚美時應注意以下幾點原則:

(1) 真誠為本

讚美應建立在真實的基礎上,否則容易讓人覺得言不由衷。例如,當一位員工表現平庸時,若上司過度誇讚他的能力,反而會讓對方感到壓力或懷疑。

(2) 具體化

符合事實的具體讚美,比起籠統的誇獎更具說服力。例如,「你的報告數據分析得很透徹,讓我更容易理解問題的關鍵點」,比起「你的報告做得很好」來得更有說服力。

(3) 避免誇大

誇大其詞的讚美可能讓人覺得虛偽或帶有目的性。例如,當一位朋友只是換了一個普通的新髮型時,若誇讚他「簡直像明星一樣迷人」,可能會讓對方覺得言過其實,甚至懷疑你的動機。

第三章 以智取勝

(4) 關注對方的需求

不同的人在意的點不同,因此讚美時應根據對方的個性與需求來調整。例如,對於事業型人士,稱讚其工作能力可能比外表來得更有價值;而對於重視家庭的朋友,則可以讚美他們對家人的付出。

讚美的力量,改變一個人的人生

一位教師曾經分享了一個故事:有一名學生在寫作課上交了一篇極為出色的文章,但老師發現,這篇文章竟是抄襲自某本雜誌。若是直接指責學生抄襲,可能會讓學生感到羞愧,甚至對寫作失去興趣。於是,這位老師選擇了一種更具啟發性的方式來處理這件事。他私下找到這位學生,對他說:「你的這篇文章寫得非常好,我相信你一定能寫出與之匹敵的原創作品。我期待你的下一篇佳作。」

這句話並沒有直接責備學生,卻讓學生深受觸動,從此努力提升自己的寫作能力,最終成為了一名成功的作家。

讚美不僅能提升一個人的自信,還能引導對方往更好的方向發展。有時候,一句話就能改變一個人的人生。

讚美是人際關係的催化劑

無論是在職場、朋友、家庭關係中，讚美都是一種能夠促進良好互動的強大工具。適當的讚美不僅能提升彼此的好感度，還能讓對方對自己產生更高的信任與尊重。因此，我們應該學會用恰當的方式來表達讚美，讓這股正向的能量在生活中發揮更大的作用。

本節重點

- 讚美是一種藝術，真誠且恰到好處的讚美能帶來正向影響。
- 懂得欣賞他人，也是在提升自己的魅力與影響力。
- 透過讚美建立信任與人際關係，讓自己更具吸引力。

三、善用激將法

在管理學上，真正的領導者不僅是下達指令的人，而是能夠激發下屬自發行動的人。優秀的管理者能讓員工在不受直接命令的情況下，仍然願意主動完成目標，甚至將其視為自己的使命。這樣的員工，情緒高昂，動力十足，不僅能夠發揮最佳潛能，還能在過程中獲得成就感。

第三章　以智取勝

這種管理方式不僅適用於企業，也廣泛應用於軍事戰略、心理學、教育與競技體育領域。其中，「激將法」便是一種高效的心理策略，能巧妙激發人的鬥志，使其自願投入更高的努力。

運用激將法的藝術

激將法的核心，是透過暗示、比較或挑戰來刺激人的自尊心，讓對方因為不甘示弱而奮起努力。這種策略既可以用於己方將士，以提升士氣，也能用於競爭對手，以誘導對方犯錯。

在職場管理中，激將法可以讓員工把困難當成挑戰，而不是壓力，從而激發潛能。例如，主管可以這樣說：「這項專案很棘手，我原本打算交給某某來處理，但或許你會做得更好。」如果對方是有自信心的人，他很可能會主動要求接下這個任務，並付出超乎以往的努力。

競爭力激將

美國鋼鐵業巨擘卡內基以極高的薪水聘請查爾斯・邁克爾・施瓦布（Charles M. Schwab）擔任總裁，不是因為施瓦布對鋼鐵業有多專業，而是因為他極擅長激勵人心。

有一次，他發現一間鋼鐵廠的產量持續落後，廠長苦惱地說：「我試過各種方法，獎勵、懲罰，甚至恐嚇工人，卻完全無

效。」施瓦布聽後，什麼也沒說，只是拿起粉筆，在地上寫下了一個「6」字，然後離開。

當夜班工人來接班時，好奇地問：「這個『6』是什麼意思？」白班工人解釋：「這是總裁今天問我們的產量，聽說我們煉了6噸鋼，就寫了這個數字。」夜班工人不服氣，下定決心超越白班。隔天早上，地上的「6」被改成了「7」。白班工人看到後，更加努力，結果當天的產量達到了「10」。

就這樣，日班與夜班工人展開了無聲的競爭，不需要額外的獎勵或懲罰，這家鋼鐵廠的產量很快便成為全公司之冠。施瓦布憑藉一枝粉筆，成功激發了員工的鬥志，也證明了他為何能獲得當時全美最高薪的總裁職位。

如何在職場中活用激將法

(1) 讓競爭變成動力

營造一種健康的競爭環境，讓員工之間有動力互相比拚，而不是單純聽從上司指令。例如，可以透過公布績效排名或團隊比賽來激勵員工自發進步。

(2) 挑戰個人極限

主管可以用半開玩笑的語氣說：「這份報告需要極高的邏輯分析能力，應該不是每個人都能勝任吧？」如果員工本身有自

第三章　以智取勝

信，往往會主動接下挑戰，試圖證明自己。

（3）以尊重為前提

激將法並不是貶低或羞辱對方，而是透過巧妙的方式激發對方的自尊心，讓其產生更強的動機。如果手法過於直接，可能會產生反效果，使對方感到被貶低而失去信心。

（4）適時運用，不可濫用

激將法適用於需要激發士氣的場合，但若使用過度，反而可能讓員工產生抗拒心理，甚至導致職場內部矛盾。

激發員工動力

美國企業家伊隆・馬斯克在創立 SpaceX 時，曾面臨極大的挑戰。2008 年，SpaceX 的前三次火箭發射都以失敗告終，公司陷入財務危機，士氣低落。就在這個時候，馬斯克召集工程師開會，並對大家說：「我們已經接近成功了，但如果你們認為這太困難，現在退出還來得及。」

馬斯克的這句話是一種典型的激將法。他並沒有直接責備員工，而是巧妙地暗示「如果你們認為自己不夠堅強，可以選擇放棄」。這番話激發了團隊的鬥志，讓工程師們更加努力投入工作。最終，在 2008 年底，SpaceX 的第四次發射成功，為公司贏得了 NASA 的合約，奠定了日後的成就。

三、善用激將法

運用激將法創造長遠價值

適當運用激將法,可以幫助團隊提高效率、提升士氣,甚至激發創新能力。然而,領導者應該避免濫用或誤用這種技巧。有效的激將法,應該建立在對員工的尊重與信任之上,而不是單純地為了施壓或操控情緒。

在企業管理、教育、運動競技等領域,成功的領導者往往懂得如何運用「心理戰術」,讓人們產生自發性的動力。當一個人因為受到挑戰而奮起時,他不只是為了滿足主管的期待,更是在為自己創造更大的成就。

本節重點

- 激將法要靈活運用,不能過度施壓,否則適得其反。
- 適當的競爭與挑戰,能夠激發員工的潛能與鬥志。
- 主管應善用心理策略,讓員工自願接受挑戰,而非被迫服從。
- 最成功的激將法,是讓對方在沒有直接命令的情況下,仍願意全力以赴。

無論是在職場還是生活中,掌握適當的激將法,都能讓你在人際互動與管理方面更得心應手。善用這項策略,你不僅能點燃他人的鬥志,也能讓自己在領導與溝通方面更具影響力。

第三章　以智取勝

四、共鳴是打開對話的鑰匙

在人際互動的起點，如何開啟一段自然、流暢且讓人樂於傾聽的談話，是許多人在面對陌生人時感到最棘手的問題。其實，破冰的關鍵在於找到雙方都能產生共鳴的話題。這種「共鳴」（resonance）在心理學中也被稱為「移情作用」（empathy），是讓彼此從防備到信任、從生疏到親近的重要轉捩點。

無論是不同職業、不同背景，甚至年齡差異頗大的兩人，只要願意用心觀察，總能找到交集之處。一名小學老師若遇到一位泥作師傅，或許起初難以找到話題，但如果這位師傅正是他的學生家長，那麼關於孩子的教育便是一座自然的橋梁。又或是這位老師正計劃整修房屋，那麼建材、工法便成了兩人暢所欲言的開始。話題的連結，不是距離，而是心思的細膩與主動。

談話的熱點不在自己身上

讓談話順利展開，核心在於「聆聽他人關注的事」。設想你在火車上，對面坐著一位沉默的旅人。你試著說：「這沿途的山景真美，不久後去爬山一定很棒。」對方點頭應付，顯然興趣缺缺。這時如果你換個話題，說：「剛剛車上播的那首歌是×××的新曲，她下個月要辦演唱會喔！」

四、共鳴是打開對話的鑰匙

對方眼神一亮，馬上接話：「你也喜歡×××嗎？你最愛她哪首歌？」

一來一往，兩人頓時打開了話匣子。這樣的經驗告訴我們，對話要有共鳴，話題得圍繞對方的興趣而非自己的喜好。一旦對方感受到你願意從他感興趣的話題出發，自然就會放下戒心，願意分享更多。

讓對方覺得你是「自己人」

心理學家卡爾‧羅傑斯（Carl Rogers）曾提出「正向關懷」的概念，主張在人際溝通中，若能以真誠、尊重與同理的態度對待對方，便容易建立起心理連結。初識時，雙方往往帶著本能的警戒，但只要讓對方感受到你不是要批評或挑戰他，而是願意傾聽與理解，那麼一層層心理的防線就會被瓦解。

例如，一名旅客在搭車途中主動詢問旁座：「你是要到哪一站下車？」對方答：「到終點站。」旅客接著說：「我也是耶！我是要去找親戚。」對方說：「我去找女朋友。」這樣簡短的來回，已經讓彼此從陌生到熟悉，從對話中找出相似處，不到幾分鐘，兩人便可自在交談，甚至相約再聚。

第三章　以智取勝

共鳴讓人更容易被記住

真正成功的溝通不是語言技巧，而是心靈的互動。你或許記不得對方說了什麼話，但你會記得他讓你感受到的情緒。如果你讓對方有「他懂我」的感覺，那麼這段對話就會被放進他心中「值得信任」的記憶清單中。

共同點的尋找不難，只需從生活經驗出發。可能是都曾經在同個城市工作、來自同一所學校、聽過同一位歌手、看過同一部劇集、經歷相似的求職經驗，甚至只是同樣在某家咖啡廳排過隊。只要你有心發現，陌生人之間無話可說的局面，是可以被打破的。

讓人感覺被理解

從心理角度來看，彼此產生共鳴時，大腦會分泌催產素（oxytocin），這是一種與信任與親密有關的神經傳導物質。因此，共鳴不是抽象的情感，而是生理上真實可感的化學反應。

馬斯洛在人類需求理論中指出，「歸屬感」是人的基本需求之一。當我們在對話中感受到對方認同自己，這種被理解與接納的感受，不僅能拉近彼此的距離，甚至可能是建立深厚人際關係的起點。

本節重點

- 交談的目的不只是傳遞資訊,而是建立情感的橋梁。
- 初次見面時,主動尋找共鳴點,能有效消除陌生感。
- 對方的興趣,往往是打開話題的最佳起點。
- 一段好談話,從來都不是你多會說話,而是你多會聽懂對方的心。

交談是一門藝術,而這門藝術的核心,不在技巧,而在於你願不願意讓對方感受到他的話語有價值,他的故事有人願意傾聽。只要有這份心,你與任何人之間的距離,都可以被拉近。

五、人情是最好的投資

「感情投資」是人際交往的有效手腕之一。只要你有足夠的投入,就有可能獲得超出預期的回報。人際關係的建立與維繫,往往不是靠算計與籌碼,而是透過真誠與情義來加深信任。許多人擅長投資股票,懂得風險與報酬的平衡,但對於人際關係的投資卻常常吝於給予。

事實上,與其說人脈是一種資源,不如說是長期情感經營的結果。一段關係是否有價值,關鍵在於你是否願意在沒有立

第三章　以智取勝

即利益回報的情況下付出。正如銀行存摺所累積的利息一般，情誼的累積也需要時間與誠意。

真正聰明的人，會在自己能力範圍內盡可能地「給予」。對方或許當下無以為報，但時間一久，彼此的關係自然穩固，甚至在你需要時，成為關鍵支援的力量。

無心插柳的情誼

2000 年，年僅 13 歲的阿根廷足球少年萊納爾・梅西（Lionel Messi）因患有生長激素缺乏症（Growth Hormone Deficiency）面臨訓練中斷的危機。儘管他在阿根廷展現出過人的天賦，但當地俱樂部無力負擔每月高達 900 美元的治療費。就在這個關鍵時刻，西班牙的巴塞隆納足球俱樂部（FC Barcelona）破格接納了他，不僅提供專業的青訓資源，還承擔了全額醫療費用，甚至協助梅西一家移居西班牙。

這項出於善意的決定，最終讓巴塞隆納培育出一位足壇傳奇。梅西為俱樂部贏得眾多榮耀，並成為球隊歷史上最具代表性的球星。即便在 2021 年因財務問題被迫離隊，他仍多次公開表達對巴塞隆納的感激之情，甚至願意減薪回歸球隊。這段始於信任與支持的關係，不僅改變了梅西的命運，也開啟了巴塞隆納的黃金時代。

五、人情是最好的投資

以誠相待，贏得關鍵盟友

在商業領域，情義往往比契約更能撼動人心。2009年，特斯拉正處於資金鏈瀕臨斷裂的關鍵時刻，創辦人馬斯克親自奔走，尋求能協助他完成電動車夢想的夥伴。就在最艱難的時候，德國戴姆勒集團（Daimler AG）基於與特斯拉長期以來的技術交流與彼此建立的互信，決定以5,000萬美元投資入股，取得約10%的股份，並成為技術合作夥伴。

這筆資金不僅讓特斯拉渡過難關，也為後續Model S的開發與品牌聲譽奠定關鍵基礎。戴姆勒不只看中特斯拉的技術潛力，更被馬斯克的誠意與執著打動。人情有時無法以貨幣衡量，卻能在關鍵時刻改寫企業命運，這段歷史正是最具說服力的證明。

感情共鳴，是最強的推銷

在推動業務時，感情的連結往往比理性分析更具說服力。許多優秀的談判者都懂得「攻心為上」的道理。他們用誠懇打動對方，讓對方從心理上接受你、認可你，甚至願意為你破例。

這正如心理學中所說的「移情效應」，當一個人對你產生好感，他也更容易相信你說的話，並願意提供協助。不管是職場合作、商務談判，抑或平凡日常的相處，想要改變他人的行為，得先打動他的心。

第三章　以智取勝

人情的殺傷力

人際交往從來不是單方面的索取，而是長期的交換與信任的累積。一份不計回報的幫助，往往會在未來的某一天，變成最強大的支援。當你在人生低谷時，曾幫助過的人也許就是你翻身的貴人。

把人情做足，並非自作多情，而是一種深謀遠慮。「放長線釣大魚」的智慧，在人際關係中同樣適用。所謂「情深義重，勝於千言萬語」，真正讓人記掛的，往往不是利益，而是情義。

本節重點

- 情誼是一種溫柔的力量，能穿透利益的冷漠。
- 付出越多，人情的利息便越深厚。
- 關鍵時刻挺你的人，往往是你曾經無私幫助過的人。
- 人情若真，從來不需計較值不值得。

六、讓對話走向共識

說服的藝術，從來不在於壓迫對方接受觀點，而在於引導對方同意一個個小小的事實。若能讓對方在開場便自然地說出

「是」，那麼整場對話的氛圍便從對立轉為共識。

心理學家指出，「不」是一種本能性的拒絕反應，不僅來自思考，更來自身體的防衛機制。當人一旦說出「不」，他便會為自己的立場建立防線，難以退讓；而一連串的「是」卻能讓身心進入開放狀態，降低對抗，增加合作的可能性。

從理解出發，不與「不」硬碰硬

在商業領域，僵局並不總是來自理念的對立，有時只是缺乏重新對話的契機。2020 年，美國電動車新創公司 Rivian 與福特汽車（Ford Motor Company）原本計劃攜手開發一款全新電動車，並探討共用底盤平臺。然而，雙方在技術細節與資源調度上產生歧見，合作進程陷入停滯。

儘管最終未能落實共同開發計畫，雙方並未選擇對立或切割。福特仍保留對 Rivian 的股權投資，並在聲明中強調將持續維繫策略聯盟關係。這一轉變，並非來自誰說服了誰，而是在過程中雙方重新理解彼此的定位與初衷 —— 他們都相信電動車的未來，都希望創造能顛覆市場的產品。

從共識出發，不爭對錯，是這段關係得以延續的關鍵。就算原定計畫無疾而終，理解與尊重仍能保留未來合作的可能性。

第三章　以智取勝

以肯定開場，讓對方更願意聽下去

另一位擅長讓對話從「是」開始的，是 Netflix 創辦人里德‧哈斯廷斯（Reed Hastings）。2011 年 Netflix 面臨訂閱制度改版爭議，遭遇大量用戶反彈。哈斯廷斯在公開信中沒有一味辯解，而是從使用者角度出發，一開始便說：「我們知道你們喜歡簡單而直覺的觀影感受。」這一句話取得觀眾情感上的認同，也為後續針對方案的說明鋪平了路。

雖然這次改版最終仍有爭議，但哈斯廷斯的處理方式卻在事後被許多管理顧問學者引用為企業溝通的示範案例。與其試圖駁斥反對意見，不如從對方的語言出發，找出可以共同點頭的句子，一步步把對方拉回對話的核心。

讓需求自然浮現

談判專家克里斯多福‧沃斯（Christopher Voss）在他的著作《談判無敵》（*Never Split the Difference*）中提到，他在處理人質談判時，絕不會一開始強調自己代表警方或正義方，而是讓綁匪先說話，再從中找出可以說「是」的細節。他稱之為「校準問題」（calibrated questions），意即讓對方參與解決問題的過程，而非被動接受條件。

這種技巧不僅適用於高壓談判場景，亦同樣能運用於日常

生活與職場溝通。與其用條件設定框住對話,不如給對方選擇權與參與感,使他們願意主動向你靠攏。

本節重點

- 說服不是迫使對方改變,而是讓對方自己走過來。
- 每一個「是」,都是對方放下防備、靠近你的開始。
- 若要走得長遠,說話之初,先讓對方點頭。

七、給予信任,收穫忠誠

在職場與組織管理中,忠誠並非要求來的,而是由信任催化而生的。美國管理學者詹姆·柯林斯(James C. Collins)與傑瑞·I·波拉斯(Jerry I. Porras)在《基業長青》(*Built to Last*)一書中指出,長壽企業普遍具有一項關鍵文化,那就是領導者願意信任其團隊,即使在無法掌控結果的情況下,也願意放手讓員工發揮。信任讓下屬感到被看見、被需要,進而主動承擔責任,將工作視為使命而非負擔。相反的,若主管總是懷疑、監控、處處設限,員工便難以心無旁騖地投入,長此以往,容易導致消極怠工與高流動率。

第三章 以智取勝

逆風時刻的信任考驗

信任最真實的樣貌，往往在風雨中才看得見。2010 年，一架從新加坡起飛的澳洲航空（Qantas）A380 客機在飛行途中引擎爆炸，緊急折返降落樟宜機場。事件震驚全球，因該機型屬於最新的長程旗艦機種，引擎則由勞斯萊斯（Rolls-Royce）供應。不少媒體將焦點指向負責維修的區域團隊，包括新加坡航空工程公司（SIAEC），質疑是否存在檢修疏漏。

面對壓力，新加坡航空高層選擇穩住內部團隊，並公開表示目前尚無證據顯示維修流程有瑕疵，應等待完整調查報告出爐。高層未急於追責，也未對維修主管做出懲處，而是私下強調：「我們信任每一位專業工程師在崗位上的盡責態度。」

幾週後，澳洲運輸安全局（ATSB）的初步調查證實，事故起因於引擎設計瑕疵，與當地維修程序無直接關聯。這不僅還給工程團隊清白，也讓內部上下對管理層的信任更深。在那之後，許多員工表示，他們更願意主動承擔風險與責任，因為知道自己會被公平對待。

信任並不是盲目放任，而是一種對團隊專業的尊重與堅持。而這種信任，在關鍵時刻撐起了一整個組織。

信任是最好的激勵方式

在美國矽谷,設計公司 IDEO 長期被視為創新管理的典範。其創辦人之一,大衛・凱利（David Kelley）,始終相信:「設計師的直覺值得被信任。」在分派專案時,他鼓勵團隊自主探索解決方案,而不是由上層主導方向。公司內部也刻意淡化績效評比制度,取而代之的是跨部門合作、快速原型實驗與開放式回饋機制。

這種信任導向的文化,讓 IDEO 孕育出許多改變產業的作品,包括 Apple 初代滑鼠、Palm PDA 的用戶體驗設計等。凱利相信,唯有在不被懷疑、不被過度干預的空間裡,創意才能自然流動,人才才能突破框架。他以行動實踐一種信念:當管理者選擇相信,團隊就會選擇超越。

這也讓 IDEO 成為設計界的風向標,更是無數創新團隊效法的對象。

真正的用人不疑,是能共渡難關

真正的信任,是在面對風險與不確定時,仍選擇站在團隊這一邊。2016 年,Airbnb 在拓展歐洲市場的過程中,接連遭遇當地政府對短期租賃的管制壓力。巴黎、柏林、巴塞隆納等主要城市對平臺經營模式表達疑慮,導致推廣進度受阻,市場聲

第三章　以智取勝

音紛紛質疑公司策略是否過於激進。

然而，Airbnb 共同創辦人布萊恩・切斯基（Brian Chesky）選擇挺身而出。他多次親赴歐洲，與政府官員和當地團隊面對面協商，並公開強調 Airbnb 願意配合法規，同時也堅信團隊的策略方向。他並未選擇縮減行銷或撤退資源，而是鼓勵團隊調整策略、深化對地區文化與法規的理解。

最終，Airbnb 成功在多個歐洲主要城市站穩腳步，並建立起在地溝通的典範。切斯基的做法展現了管理者在風險之中選擇信任與承擔的態度，也讓團隊更願意在變局中持續投入與創新。

讓忠誠自然生成

用信任換取忠誠，其實是主管對自己選才眼光的堅定表現。信任意味著放手，也是對下屬才能與品格的深層認可。它不只是激勵與激發的手腕，更是一種高明的管理智慧。企業的競爭力，往往來自內部凝聚力，而這種凝聚，絕非命令或監控能構建，而是靠一種近乎無形卻極為有力的情感連結所支撐。

信任本身就是一種磁場，一旦形成，便會自然而然吸引忠誠、創造穩定，激發潛能。換言之，信任既是管理的起點，也是最長遠的投資。

本節重點

- 真正的信任，是一種靜水深流的力量。
- 信任能喚醒責任，也能激發潛能。
- 用人不疑，是管理者最大的氣度。
- 忠誠從不是命令的產物，而是信任的回響。

八、剛柔並濟的進退之道

在京劇中，臉譜不僅是視覺的藝術語言，更是一種象徵系統。紅臉象徵忠勇、白臉則代表奸詐，這種強烈的對比在舞臺上使角色立體鮮明，也提供觀眾一種快速解讀角色性格的方式。這樣的象徵邏輯也被應用在管理學上，「唱紅白臉」成為一種比喻，指的是領導者在溝通與管控之間巧妙拿捏，結合軟硬手法，既展現同理與關懷，也維持紀律與權威。現代企業管理強調彈性與情境領導（situational leadership），「紅白臉」的運用正好契合這一理念。

第三章　以智取勝

領導者的角色切換

現代領導者往往身兼數職，不僅是決策者，也是教練、心理支持者，甚至是文化塑造者。有效的領導並非總是溫和，也不總是強硬，而是視情況調整姿態。有些時候需要傾聽與包容，有些時候則必須堅定執行規則。能在同一人身上自然切換這兩種角色，才是領導成熟的表現。這種角色轉換不僅來自經驗，更來自對人性的理解與敏銳的情境判讀力。

剛柔並用的實踐

2001年，荷蘭科技巨擘飛利浦（Philips）面臨全球競爭加劇、獲利能力下滑與內部效率低落的三重挑戰。當時的新任執行長格雷德‧基斯特利（Gerard Kleisterlee）上任後，迅速啟動大規模重組。他一方面果斷整併業務，裁撤不具競爭力的產品線，包括縮減傳統家電與消費性電子部門，以集中資源發展具成長潛力的技術領域；另一方面，他也著手重建企業文化，強調創新導向、跨部門協作與開放溝通。

基斯特利深知，企業轉型不只是財務調整，更涉及人的心理與價值觀的重塑。他在內部推動更透明的溝通流程，鼓勵團隊主動參與決策，並將創新視為公司重新定位的核心。他在受訪時指出，飛利浦過去的技術實力與市場機會並未喪失，關鍵

八、剛柔並濟的進退之道

在於「是否能將創意有效轉化為具市場價值的產品」。

這種兼顧策略重整與文化重塑的領導方式，幫助飛利浦逐步走出過去的迷惘，重新聚焦在高價值的醫療科技與照明解決方案上。基斯特利所展現的，正是一種剛柔並濟的企業轉型典範。

單一手段難以應萬變

任何組織內部的成員組成與互動模式都極為複雜，單靠一種管理方式往往難以全面奏效。若一味溫和，組織容易失去邊界感與紀律，久而久之可能出現紀律鬆弛、效率低落的問題；反之，若只靠高壓手段，又容易壓抑創意、引發人心疏離。

因此，「一張一弛」的管理藝術，才是真正能維持長遠穩定與發展的關鍵。這需要領導者具備不僅是工具性的技術，更是一種靈活而深刻的人際智慧。

哈佛商學院教授比爾・喬治（Bill George）在《真誠的領導者》（*Authentic Leadership*）一書中指出，成功的領導並非來自策略技巧，而是來自對自我與他人的真誠理解。真正成熟的領導者不是靠操控人心取勝，而是懂得在張力與信任之間靈活調整角色：在必要時展現果斷與堅持，也在關鍵時刻給予支持與理解。這種剛柔並濟的領導格局，正是克萊斯特帶領飛利浦轉型成功的關鍵，也是許多現代領導者應該學習的修養。

第三章　以智取勝

本節重點

- 領導者需要具備靈活切換溫柔與果斷的能力，才能有效因應不同情境與人員特質。
- 「紅白臉相間」不只是表演，而是綜合策略的展現，展現對人性的尊重與理解。
- 成功的企業領導者，以剛柔並濟的手段引導企業轉型，證明恩威並施的有效性。
- 單一手段往往產生偏差與副作用，領導者應以整體性思維看待人與組織。

九、用道歉拆解衝突

人在群體中互動，總難免因言語或行動而冒犯他人。無論是無心之過還是判斷失誤，若能誠懇地道歉，往往能將原本緊張的關係轉化為更深層的理解與信任。

道歉不只是承認錯誤，更是一種情感的釋放與溝通的橋梁。它讓對方感受到被重視，也讓自己學會謙遜與負責，正如心理學家布芮尼・布朗（Brené Brown）所言：「脆弱並非弱點，而是連結的起點。」

一封道歉信挽回專業聲譽

2017 年，YouTube 因為演算法失誤，將部分內容誤標為不當影片，導致許多創作者的收入受到影響，社群怨聲載道。面對來自全球創作者的強烈批評，當時擔任執行長的蘇珊‧沃西基（Susan Wojcicki）主動發表了一封公開道歉信，她承認系統存在缺陷，也坦率表示公司低估了這些問題對創作者生計的衝擊，並承諾改善演算法與溝通機制。

沃西基在信中說：「我們了解你們對這個平臺的投入，也知道我們的錯傷害了你們的信任。我們正在努力讓平臺更透明、更公平。」她的誠意贏得許多創作者的諒解，甚至有創作者留言：「謝謝妳願意正視問題，這是少見的勇氣。」這次危機雖重創品牌形象，但她坦率道歉的態度成功扭轉了情勢，也為後續改革爭取了時間與空間。

道歉是責任的表現，不是自我貶抑

許多人誤以為道歉等同低頭示弱，甚至損害個人尊嚴，然而真正的尊嚴來自敢於承認過錯並勇於承擔責任。若因為自尊作祟而拒絕道歉，反而會讓關係陷入更深的裂痕。心理研究指出，願意道歉的人更容易獲得他人的尊敬與信任，因為他們展現了成熟與自我反省的能力。道歉是一種正向的行動，目的在

第三章　以智取勝

於修補，而非懲罰自己。

在美國舊金山一所小學，一位老師在批改考卷時錯判一題答案，學生勇敢地指出老師的錯誤，並說：「老師，我們在課堂上學過，做錯事應該道歉。」這句話讓全班鴉雀無聲。老師沉思片刻後微笑著說：「你說得對，我道歉，是我看錯了，對不起。」這不僅是一次簡單的道歉，更是一次深刻的教育，讓學生看到成人如何以尊重和誠信回應挑戰，也讓尊嚴與勇氣在教室裡悄然生根。

事後這位老師在教師會議中分享此經驗，表示：「道歉並沒有讓我失去尊嚴，反而讓我更接近學生的心。」在教育現場，道歉不該是禁忌，而應是一種引導學生學會誠實與責任感的實踐。

道歉的藝術與實踐技巧

道歉雖是日常行為，但若要產生效果，仍需注意時機與方式。首先，道歉必須真誠，不能僅是形式敷衍。其次，道歉要及時，延誤往往會讓對方感到被輕視。此外，若難以用言語表達，也可以透過具象的行動傳遞誠意，例如一張手寫卡片、一束花，甚至一個真誠的眼神與擁抱，都能傳遞歉意。有時候，正是這些微小的舉動，最能撫平心中的裂痕。

相反地，若只是為了息事寧人而勉強認錯，不僅無法解決問題，還可能引發更多誤會。因此，道歉與其說是策略，更應

是一種出於內心的反省與關懷。懂得說「對不起」，是建立成熟人際關係的重要一步。

真正能化解衝突的，不是誰輸誰贏，而是彼此是否願意聆聽與理解。當你主動道歉，其實也釋放出一種信號：你願意放下自我，重視關係勝過面子。即使對方尚未準備好接受，這份誠意也可能成為日後和解的契機。更重要的是，主動道歉往往也讓我們自己放下內疚，重拾內在的平靜。

本節重點

- 真誠的道歉能修補破裂的人際關係，並促進信任與情感連結。
- 道歉並非示弱，而是一種責任感與人際智慧的展現。
- 領導者與教育者的道歉行為，往往具有示範效果，可傳遞誠信與尊重。
- 道歉須注意時機、真誠與表達方式，避免流於形式或矯情。

十、每個人都渴望被認可

無論身份地位高低，每個人內心深處都有一種被重視的渴望。馬斯洛在其需求層次理論中指出，人們除了追求生理與安全需求外，對於「歸屬與尊重」的需求同樣強烈。當我們讓對方

第三章　以智取勝

感受到自身的價值時，不僅能促進良好互動，也有助於建立長久穩固的關係。

根據紐約電話公司的一項調查，分析了 500 段日常電話對話，結果發現使用頻率最高的單字竟然是「我」，共出現近 4,000 多次。這並不令人意外，因為我們大多數時間都活在自我中心的視角中。如果有人願意真誠傾聽、稱讚我們，甚至記得我們的名字，那種被肯定的感受，會帶來溫暖與尊嚴。

尊重他人意見，才能凝聚共識

在組織與決策過程中，讓參與者「感覺自己重要」是一種高明的領導策略。Netflix 執行長里德・哈斯廷斯（Reed Hastings）便經常強調「自由與責任並重」的文化。他在推動內部政策變革時，從不獨斷專行，而是透過大量的討論與傾聽員工的聲音，讓決策過程變得透明且共創。

例如，在 Netflix 提出著名的「無限休假制度」時，哈斯廷斯沒有直接推行，而是邀請各部門經理與人資主管反覆討論細節，調整制度框架，最後才正式推行。許多員工表示，正因為公司重視他們的回饋，讓他們更願意自律與負責，也願意為公司的理念全力以赴。這種讓人「感受到參與感」的作法，其實就是在傳達：「你的意見很重要，你是這裡不可或缺的一份子。」

放下自我,給他人舞臺

在人際互動中,若我們總是試圖展現自己、強調自身貢獻,很容易讓人產生距離感。真正的關係建立,是從放下自我、給予他人舞臺開始。無論是朋友、同事或伴侶,若我們願意主動關注對方、聆聽對方、欣賞對方的努力,對方自然也會更願意靠近你。

反之,那些凡事搶功、忽視他人存在感的人,往往在人際上難以獲得真誠支持。舉例來說,有位工程主管,曾因總是將團隊成果據為己有,最終導致多位核心人才離職。相較之下,那些願意在公開場合感謝團隊、承認夥伴貢獻的領導者,反而更能激發團隊的忠誠與創造力。

細節決定關係的溫度

讓別人感受到自己重要,並不需要做什麼大事,而往往藏在微小的互動之中。記住對方的名字、專心聆聽、不打斷、不以手機分心,這些看似微不足道的細節,實則在無聲中傳遞出一種信號:「我尊重你,也在意你。」

當你願意在團隊發言時環視每一位成員、在忙碌時仍抽空回應同事訊息,或是在會後對某人的貢獻表示具體肯定,這些行動會讓對方感受到自我價值被承認,進而產生歸屬與動力。

有一則老笑話提到,有人邀請幾位朋友到家裡吃飯,卻在

第三章　以智取勝

客人遲到時不小心說出「該來的不來」,讓在場的人誤會自己被輕視,紛紛拂袖而去。雖然是笑話,卻也道出一個事實:語言若不小心,就可能刺痛他人自尊,進而破壞關係。

人與人之間,往往不是因為大是大非而決裂,而是在一個眼神、一句話中感受到自己被忽略、被輕視。學會在日常中讓他人感受到「你很重要」,其實是人際智慧中最基本卻最容易被忽略的一課。

如何讓別人感覺自己重要

(1) 常常喚名字

人的名字是最甜美的聲音。能記住並適時使用對方的名字,是尊重的第一步。

(2) 真誠地聆聽

聽,不只是等待自己說話的機會,而是全心在場,感受對方說話的重點與情緒。

具體地稱讚:讚美對方的努力或成果,不論大小,都是一種激勵,也是一種價值肯定。

(3) 重視存在感

在多人互動時,別忽略任何一位成員的參與感。即便只是回應一個眼神,也能讓人感受到被在意。

(4) 回應提問要思考片刻

停頓一下再回答問題,表示你認真看待這個提問,也看重提問者的思維。

(5) 看見每一個人

不論團體大小,都記得讓每一個人感受到:我被看見、我有份量、我在這裡很重要。

本節重點

- 人類最深層的渴望之一,是「被重視」與「有價值」的感受。
- 領導者若能讓團隊成員感受到自己不可或缺,將更能凝聚士氣與向心力。
- 放下自我、欣賞他人,是打開人際關係的鑰匙。
- 真誠的稱讚與細緻的關注,能在潛移默化中建立人與人之間的信任。

第三章　以智取勝

第四章
兵無常勢

第四章　兵無常勢

一、形勢萬變，靈活應對

古人云：「兵無常勢，水無常形。」這句話揭示了處事應變的核心智慧。尤其在當代這個變動快速的世界中，無論是領導者還是基層工作者，都必須具備彈性的思維與行動力。拘泥於既有規則或過往經驗，容易使人陷入僵局，反而妨礙問題的解決。能根據時局調整策略，才是真正的智慧。

彈性領導的核心價值

現代管理已不再是一套硬性制度的施行，而是一場不斷調整的互動過程。真正優秀的領導者，懂得在原則與彈性之間找到最適切的落點。他們清楚一套制度無法適用於所有情境，因此保有空間、容許例外，是維持長遠穩定的關鍵。正如彼得・杜拉克（Peter Drucker）所強調：「管理是建立在信任與理解上的實踐。」

彈性管理不意味著模糊，而是在確立方向之後，讓實踐方式因人因時而異，使整體系統得以自我調節與演進。它是一種有機的引導方式，而非僵硬的命令體系。

以反應速度贏得市場

西班牙快時尚巨擘 Inditex 集團旗下的 Zara，是彈性管理實踐的經典案例。面對時尚市場變化極快的特性，Zara 採取極度靈活的供應鏈策略，將設計、生產、物流、門市反饋系統整合在一起，使新品從設計到上架僅需約兩週，大幅縮短商品反應週期。

更特別的是，Zara 將決策權下放給店面經理，他們可以根據當地顧客需求決定進貨與調整商品擺設，這種高度的前線授權方式大大提升了顧客滿意度，也讓公司能快速適應地區性變化。這正是彈性管理的具體展現：不是由上而下全面控制，而是創造一套能因應變化、自我修正的系統。

情緒管理與穩定性

領導者的情緒狀態不僅影響自身判斷，也直接牽動團隊氛圍。許多研究指出，管理者的情緒穩定性與團隊績效高度相關。當主管動輒發怒、情緒失控，部屬即使表面順從，也容易產生疏離與反感，進而降低合作意願與創新動能。

例如，Airbnb 共同創辦人布萊恩・切斯基在疫情期間遭遇空前營運危機，必須忍痛裁員約 25% 的員工。然而，他在裁員聲明中展現極高的情感同理與透明度，強調這不是員工的錯，

第四章　兵無常勢

而是公司必須做出的生存選擇,並提供離職補償與轉職協助。他冷靜且體貼的處理方式,反而獲得員工與大眾的高度肯定,也讓公司維持品牌信任與企業文化的凝聚力。

彈性不只是制度層面的調整,也體現在情緒的拿捏與語言的溫度之中。

剛柔並濟的命令藝術

在組織中,指令的下達本無可避免,但領導者是否懂得根據情境與對象調整語氣,才是關鍵所在。用尊重的語言代替單向命令、用邀請代替施壓,往往能激起更多的責任感與參與感。

彈性並非削弱領導力,而是強化其內涵。真正的威信並非來自高壓,而是來自能在不同局勢中找到最佳對應方式,這樣的領導才具備持久的感染力與實踐力。

本節重點

- 成功的管理需要因應環境與人事的變化,彈性是維持組織活力的關鍵。
- 領導者的情緒穩定與同理心,是在高壓時期維持信任與團隊凝聚的關鍵力量。

■ 有效的命令需結合情境智慧與溝通技巧,才能達成目的並建立長遠關係。

二、管理的分寸

　　身為主管,若想贏得下屬心悅誠服,不能只靠一味的仁慈或單純的權威,而需在「寬」與「嚴」之間找到平衡。所謂寬,是展現體諒與關懷,包括主動傾聽員工心聲、關注生活細節、給予正向激勵與情緒支持;所謂嚴,則是原則明確、紀律分明,對於失職或偏差行為能及時糾正,絕不含糊。

　　一位真正成熟的領導者,懂得何時應溫和以待、何時需立場堅定。若總是過度寬容,容易讓團隊缺乏邊界感;若一味強硬,則可能讓成員在壓力中失去創造力與信任感。寬嚴並施,是領導者最難卻也最重要的能力之一。

信任與規範的交錯

　　美國星巴克(Starbucks)創辦人霍華德・舒茲(Howard Schultz)在公司成長初期,便積極推動以人為本的企業文化。他深信:「領導的核心不只是制定規則,更在於尊重人性。」舒茲在企業內部設立多項福利制度,包括提供兼職員工健保、股票選

第四章　兵無常勢

擇權等措施,藉此傳遞一個訊息:「我相信你們值得被善待。」

然而,在實務管理上,舒茲也絕不放任。當星巴克於2007年營運陷入低迷,他毅然回歸擔任執行長,並做出多項強硬決策,例如暫時關閉全美門市進行員工再訓練、撤換高階主管、重新聚焦品牌核心價值。他一方面與員工坦誠溝通,一方面堅持改革,不容模糊地帶。

這樣的寬嚴兼施,不僅挽回了公司聲譽,也重建員工的信任。舒茲的經營哲學證明了,真正的領導不在於一味妥協或強勢,而是懂得適時展現慈悲與原則。

幫助對方成長

當部屬犯錯時,主管該如何拿捏態度?單純責罵容易激起反感,過度寬容則讓問題無法根治。有效的管理者會把「懲戒」視為「輔導」的一部分,透過清楚的指正、適當的反思機會與後續支持,幫助當事人成長,而非單純發洩情緒。

阿拉斯加航空在2010年代引進一套名為「Just Culture」的安全管理機制。當員工違反作業流程時,公司不會立即懲罰,而是進行「行為分級分析」:如果出錯原因是出於理解錯誤或流程不清,則會給予補訓與支持,而非處分。

例如,一位地勤人員因操作疏失導致貨艙門短暫無法關閉。

經檢討後發現是培訓資料不夠清楚,公司不但未懲處該員,還邀請他參與新版培訓手冊的設計工作。這套制度幫助阿拉斯加航空提升內部安全回報率,並強化員工對紀律與信任的雙向認知。

這樣的處理方式既維護了制度,又展現對人的信任與期望。有效的懲戒不是排除錯誤者,而是引導其找回價值。

不要讓過度嚴厲斷絕溝通的可能

不少主管會在壓力下展現過度嚴苛的管理風格,認為這樣才有威信。但事實上,這種做法往往適得其反。根據美國蓋洛普研究顯示,若員工感受到上司過於批評、缺乏同理,離職率將提高30%以上。特別是在創意性或知識密集產業中,唯有開放與信任的環境,才能促進真正的貢獻。

此外,過度嚴格還可能造成「假服從」的現象:表面上執行命令,實則敷衍了事,或產生內部反抗情緒。長期下來,不僅損害團隊凝聚力,更削弱組織彈性。因此,真正的威嚴,是在尊重中建立,而不是來自壓制與恐懼。

第四章　兵無常勢

當寬容是一種選擇

寬容從來不是軟弱，而是一種基於信任的力量。在某些關鍵時刻，主管若願意放下成見、給予對方一次重新開始的機會，這樣的信任往往能產生轉變人心的力量。

在英國倫敦，一位青少年非營利組織的負責人發現，一名年輕實習生在營運中犯下嚴重的錯，導致一項活動幾近失敗。但主管選擇未立即開除他，而是邀他共進午餐，了解整個事件的前因後果，再安排一項專案給他機會重新證明自己。該實習生最終不僅圓滿完成任務，更成為該組織後續的正式員工。

選擇寬容，也是在向部屬傳遞一個訊息：「我相信你有能力，也相信你會從錯誤中學會更成熟的自己。」這樣的引導方式，遠比單一懲罰來得深刻且有力。

本節重點

- 領導者需在寬與嚴之間取得平衡，既能體恤人性，也能堅守原則。
- 寬容不等於放任，而是建立在信任與成長期待上的策略選擇。
- 適當的懲戒應具備修復功能，幫助部屬從錯誤中學習並改進。

▰ 真正的威嚴，不是來自壓制，而是來自被信任與被尊重的引導力。

三、逆境是智慧的試金石

現代社會瞬息萬變，唯有具備挑戰意識與調整能力，才能在環境劇變中生存下來。人類行為科學家曾以「煮蛙效應」警示：若人們無法對微小變化產生警覺，就會在看似安逸的局勢中，陷入不可逆的危機。

這樣的例子不勝枚舉。許多企業之所以沒落，不是因為遭遇外部巨大衝擊，而是內部對變局遲鈍、忽略預警信號，最終錯失轉型時機。相對地，那些能夠適時轉向、敢於自我挑戰的組織，反而能在逆境中找到契機，創造第二成長曲線。

鯰魚效應

在組織發展過程中，「鯰魚效應」常被視為一種有效的管理策略——透過引入具有挑戰性或差異化的元素，打破原有團隊的慣性，進而激發潛在動能與創造力。

美國金融科技新創公司 Stripe 就展現了這種策略的實踐智慧。隨著組織快速擴張，Stripe 有意識地招募來自不同產業與技

第四章　兵無常勢

術背景的人才，特別是在工程與設計部門中，吸納了來自 Amazon、Google、Spotify 等大型科技企業的資深員工。這些新成員帶來與既有文化不同的工作風格與創新觀點，也對團隊原有成員產生潛在壓力與挑戰。

雖然這種多元化組合在初期引發適應上的磨合，但也促使整體團隊快速調整思考模式，加強橫向協作與技術整合能力。Stripe 透過這種有意識的「差異引入」，在維持高速發展的同時，避免了內部過度一致所帶來的創新疲乏，進一步強化其在金融科技領域的競爭優勢。

這種來自內部的動態壓力，不是破壞，而是轉化成為前進的動能──正是鯰魚效應最具價值的體現。

迎戰未知，從創業走向蛻變

挑戰的價值，往往不在於它本身，而是在過程中促使我們意識到自己的潛能與信念。2012 年，英國創業家貝塔尼‧寇比（Bethany Koby）創立科技教育品牌「Technology Will Save Us」，致力於透過「動手做」的方式，讓孩子在遊戲中學習科技與創造力，推動 STEM 教育的普及。

然而在創業初期，團隊面臨資金有限、產品定位模糊、家長對科技教育概念不熟悉等多重挑戰。寇比並未因困難而退縮，

三、逆境是智慧的試金石

反而親自帶領團隊深入學校、家庭與教育現場,與老師、家長與孩童展開大量訪談,重新理解使用者的真實需求。根據這些洞察,她調整了產品內容與包裝策略,並成功爭取到來自英國政府與 BBC 的支持資源。

歷經幾年的反覆修正與不斷傾聽,Technology Will Save Us 終於在歐洲市場站穩腳步,成為 STEM 教育領域的重要品牌。這段歷程證明,挑戰不代表失敗,真正的意義在於,它讓人重新聚焦初衷、堅定方向,進而實現內在的蛻變與成長。

職場對抗,也能成為成長契機

挑戰有時並非來自外界,而是來自組織內部的競爭與觀點分歧。這些碰撞若處理得宜,往往是創造新價值的起點。

在一家歐洲科技顧問公司,兩位同部門的產品經理曾因對新平臺的介面設計理念截然不同,陷入長期爭執。主管未立刻介入,而是要求雙方各自提出完整測試版,並實施用戶實測。結果顯示,兩者皆有優點,若能結合,反而更符合市場期待。最終雙方握手言和,並合作推出改良版設計,使用者反饋超出預期。

衝突本身不可怕,可怕的是缺乏理性與願意溝通的態度。適度的對抗,反而能促成理解與共識,激發真正的合作智慧。

第四章　兵無常勢

語言形塑信念，信念決定行動

常把「我不行」、「太難了」掛在嘴邊的人，很難在挑戰中走得遠。心理學研究指出，自我設限語言會逐漸內化為信念，進而影響情緒與行為反應。

相對地，那些能以「我可以試試看」、「這是個機會」為信念的人，即使遭遇挫折，也較能快速復原。他們相信過程的價值大於結果，也更容易找到支持與資源。信念的力量不是空談，而是決定你面對困境時的第一步態度。

本節重點

- 挑戰是成長與轉機的觸發器，能促使我們發現潛藏的能力與機會。
- 鯰魚效應能打破組織慣性，激發團隊學習與適應力。
- 職場中的競爭與對立，若導向理性對話，反而能創造更高價值。
- 秉持樂觀的心理態度與語言習慣，是面對挑戰最有效的武器。

四、時機不對，努力白費

在人際關係與職場互動中,「求人」是一門高深的學問。許多時候,事情沒辦成,不是對方不願幫忙,而是我們開口的時機不對。若在對方煩躁、忙碌、情緒低落或無暇他顧之時強行提出請求,不但難以獲得幫助,反而可能招致反感。成功的關鍵,往往不在話術,而在觀時而動。

從困境中突圍

2006 年,瑞典音樂串流平臺 Spotify 正準備起步,創辦人丹尼爾·埃克(Daniel Ek)面臨來自唱片產業的極大阻力。當時音樂界正受到盜版問題嚴重衝擊,對任何線上平臺都抱持強烈戒心。若在不對的時機提出授權合作,極可能遭到全面拒絕。

艾克選擇耐心等待。他花了一年時間,帶領團隊開發出一套幾乎即時播放、操作流暢的原型系統,並私下邀請唱片產業內部人士試用,讓他們先親身感受到平臺的潛力與理念。這些非正式的互動逐步累積信任,也為後續談判打下基礎。

直到音樂產業在連續幾季的財務壓力下,亟需尋求新的商業模式時,艾克才正式提出合作構想。這個時間點選得精準:當業界處於低潮、迫切需要變革,而 Spotify 已經證明其技術與

第四章　兵無常勢

體驗的差異性,唱片公司便不再視其為威脅,而是可能的轉機。

最終,Spotify 成功取得主要唱片公司的初步授權,為後續規模化擴張鋪下關鍵基礎。這段歷程說明了,與其急於出手,不如選擇對的時機讓對方聽見——掌握節奏,往往比行動更重要。

同理與共鳴,才能打動人心

有時候,我們之所以無法說服對方,是因為我們只談自己的需求,卻忽略了對方的處境與立場。若能先設法與對方產生共鳴,再提出請求,往往能突破既有的距離。

2017 年,美國創業者艾比・法蘭克(Abby Falik)為推動 Gap Year 教育計畫,需尋求一位向來保守、不願投資新創的教育基金會資助。她並未立即開口談錢,而是先主動向該基金會提出與其理念共鳴的觀點,並分享自己曾在高中畢業後到中南美洲志工的經歷,如何啟發她成立組織的動機。

幾次交流之後,對方基金會的董事長才提起自己的女兒也想延後入學一年,進而主動邀請她提案。最終該計畫獲得首筆重要捐助,正式啟動並成為日後全球青年 Gap Year 推動的標竿計畫之一。

懂得等待才有機會

在心理學中,「機會成本」不僅是經濟概念,也適用於人際互動。若在不對的時機提出請求,所失去的不只是一次回應,而是可能破壞長遠關係的機會。因此,有智慧的求人者,懂得放長線,等待情勢成熟。

矽谷創業導師布萊恩・哈里斯(Bryan Harris)曾提到,當他需要一位重量級部落客幫忙推廣課程時,他並未直接詢問,而是先花三個月時間留言、轉發對方的文章,甚至在對方線上課程中擔任志工,協助答疑解惑。當他最終提出合作邀請時,對方不僅爽快答應,還主動提供額外資源支援。

他說:「若我在一開始就提出請求,對方只會當我是來求資源的陌生人;但當我先成為對方的『圈內人』,機會自然會來。」

察言觀色,是一種成熟的能力

在不同情境下說出同一句話,效果可能天差地遠。懂得觀察對方情緒、處境與時勢,選擇對的時間開口,才是影響力的真正展現。無論是面對主管、合作夥伴或潛在投資者,懂得「先等風向,再開口」的人,往往更能在關鍵時刻取得突破。

第四章　兵無常勢

本節重點

- 求人辦事最關鍵的並非說什麼,而是選對時機,順勢而動。
- 成功的說服來自於與對方產生共鳴,而非單方面陳述需求。
- 善於等待與鋪陳,是高階影響力的具體展現。
- 察言觀色不是圓滑,而是一種建立信任與掌握節奏的成熟表現。

五、掌握先機,領先一步

「先下手為強,後下手遭殃」看似激烈,其實蘊含深刻的人際與管理哲學。無論是商場競爭、談判博弈,甚至職場升遷,若無法搶占先機,往往只能接受他人的安排,甚至成為變局下的犧牲品。懂得搶先一步的人,不只是行動迅速,更具備預判能力與果斷決策的勇氣。

行動要快,但不能盲目

當然,快速行動並不意味著倉促草率。若只是一味求快,忽略風險與目標本質,反而容易誤判情勢,導致反效果。真正

有效的「先發制人」，是基於準備、洞察與判斷的前提下做出果斷行動。

這正如行銷學中的概念「先進者優勢」(first-mover advantage)，並不保證成功。若沒有資源與策略支撐，先進場的公司也可能被後進者趕超。因此，速度與效益，永遠是一體兩面的權衡。

全球突圍的案例

2016 年，中國字節跳動公司推出了國際版 TikTok（抖音海外版），當時短影音領域尚由 Vine、Snapchat 等平臺主導。為了快速擴張市場，TikTok 於 2017 年搶先併購了美國短影音平臺 Musical.ly，並在 2018 年將兩平臺整合，全面進攻歐美市場。

這一動作讓 TikTok 成功在 YouTube 與 Instagram 尚未發力短影音時搶得全球青少年族群的注意。當 Meta 公司後來推出 Reels，YouTube 推出 Shorts 時，TikTok 早已建立起龐大的創作者生態與用戶黏著度。

TikTok 的策略證明，速度不是盲目的追逐，而是基於趨勢觀察與市場空缺的精準出手。

第四章　兵無常勢

職場升遷，也要懂得先聲奪人

在職場競爭中，許多優秀人才最終敗下陣來，不是因為能力不夠，而是反應太慢。當升遷或專案機會出現時，若只顧低調等待「被看到」，往往已錯失良機。

美國一位科技公司的專案經理曾分享經驗：當公司內部公告開放新產品主管職位時，他在第一時間主動聯絡主管表達意願，並準備了一份簡報分析目前產品的問題與未來發展策略。雖然公司當時還未決定是否對外徵才，但他果斷出手，反而讓主管高層對他刮目相看。最終職位並未對外開放，而是內部指派給了他。

機會通常不會為你等候太久，猶豫不決，只會讓先行者占據位置。

市場決策中，以快制勝的關鍵手腕

「兵貴神速」的觀念不只適用於戰場，在商業戰場上更為重要。以特斯拉為例，在電動車尚未普及時，執行馬斯克便大膽投注資源研發 Model S，甚至冒著財務風險提早推出超充電網路與自動駕駛功能。

儘管當時外界質疑不斷，馬斯克仍堅持要在市場與法規尚未完全成熟前搶占主導地位。這種超前部署的策略，不僅讓特

斯拉引領產業發展,也讓其他車廠只能跟進,被迫接受特斯拉所定義的市場遊戲規則。

生活中的大小決策也能反映是否具備「先下手」的智慧。例如,在團隊提案、跨部門協作或是人際協調上,若能先主動釐清問題、提出方案,或主動聯繫關鍵人物,往往比那些等待被安排或觀望的人更具影響力。行動先行者通常也更容易成為決策參與者,進而掌握議題主導權。

本節重點

- 搶占先機,是決定成敗的關鍵,尤其在資訊流動快速的時代,慢一步可能就錯失良機。
- 先發制人的行動必須建立在策略與洞察之上,不能為快而快。
- 無論是商業競爭、職場升遷或團隊合作,主動出擊往往能提升存在感與話語權。
- 真正的快不是速度,而是「在對的時間點做對的事」。

第四章　兵無常勢

六、容忍有限度

在工作與生活中，許多衝突與不快其實來自於誤解或情緒積壓。若能適時退讓、包容他人，往往能化解緊張局勢，贏得更大的合作空間。忍耐不是懦弱，而是一種判斷時機、調整姿態的能力。所謂「小不忍則亂大謀」，許多成功者正是因為懂得掌握這種分寸，才得以在險中求生、逆中求進。

拒絕忍讓，劃出尊嚴底線

2018 年，加拿大知名餐飲企業 Alo Food Group 爆出職場性騷擾醜聞。一名化名艾瑪的女性前員工在接受訪談時透露，她在工作期間長期遭主管言語與肢體上的騷擾。起初，她選擇隱忍，擔心揭發真相會影響自己的工作機會與未來發展。但隨著行為愈發過分，且她察覺其他同事也有類似遭遇，最終決定不再沉默。

她聯合多位前員工，共同向加拿大人權委員會提起申訴，並公開揭露餐飲業內部普遍存在的權力失衡與沉默文化。該事件引發加拿大餐飲界的高度關注，迫使企業高層檢討內部管理制度，也促使更多業者開始建立性別平權與申訴機制。

艾瑪在訪談中坦言，她曾以為忍耐是自保的方式，直到後

來才意識到,真正的保護來自於勇敢發聲,為自己與他人爭取尊嚴與改變。這場看似單一事件的揭露,不只是職場改革的起點,更是一場針對「不該再忍」的集體覺醒。

在企業文化中劃出界線

在公司治理中,對於內部不當行為的「零容忍」政策,也是一種不該忍的堅持。2022 年,美國科技新創公司 Basecamp 因執行長提出禁止公司內部討論政治與社會議題的政策,引發大量員工抗議。許多員工認為此舉違反言論自由與多元價值,最終有超過 1/3 的員工選擇集體辭職,並公開說明他們拒絕繼續忍受壓抑文化。

雖然 Basecamp 創辦人堅稱是為了營造「專注於工作的環境」,但這場風波引發各界討論職場中的容忍界線與企業文化責任,讓更多公司開始重視「什麼該包容,什麼不能包容」的界定。

忍與挺的分寸來自原則,而非情緒

忍,是為了大局;挺,是為了自我。真正的智慧,是在兩者之間取得平衡。當我們能冷靜判斷一件事是否值得回應,或是應該以更有策略的方式因應,就能減少衝突,又不失立場。這不只是職場求生技巧,更是一種成熟的做人方式。

第四章　兵無常勢

心理學家指出，過度壓抑情緒的人，長期下來容易產生焦慮與自我否定。反之，完全情緒化應對，也可能讓人陷入不必要的對立。因此，該忍的時候不爆發，不該忍的時候敢表態，這正是現代人的必修課。

本節重點

- 忍讓是人際關係的潤滑劑，但過度退讓會讓人忽視你的底線。
- 勇敢拒絕不當對待，是一種自我保護，更是一種社會責任。
- 無論在個人或組織層面，該忍與不該忍之間的判斷，必須依據原則而非情緒。
- 忍與挺的平衡，是成熟且具影響力的處世智慧。

七、保持社交靈活度

在現代社會中，技術與能力固然重要，但能否在關鍵時刻取得支持，往往取決於你與他人之間的關係品質。懂得處理人際互動、取得各方信任與支持的人，才能真正做到左右逢源。這不是投機取巧，而是對人性與局勢的深刻理解與靈活應變。

七、保持社交靈活度

善用平衡技巧,建立雙贏關係

2022 年,英國金融科技公司 Wise 面臨一場關鍵挑戰。當時公司正準備推動新一輪資金募集,卻因外界對其盈利模式與治理結構產生疑慮,導致投資人信心動搖,媒體也出現質疑聲浪。面對壓力,共同創辦人兼執行長克里斯托・卡爾曼(Kristo Käärmann)並未選擇公開反駁或倉促澄清,而是採取更為細膩的策略——先從內部釐清問題核心,再與關鍵投資人展開深入溝通。

他安排多場小型會議,由技術團隊與財務主管共同參與,針對具體數據與未來規劃進行說明。過程中,特克不僅堅守企業原則,也努力讓每位投資人理解自身關切被看見,並在互動中取得信任與尊重的平衡。他沒有強勢主導,也不刻意迎合,而是用行動展現一種協調各方的成熟姿態。

最終,這場募資順利完成,Wise 在投資人之間重新建立穩定的信任。這段經歷顯示,真正能夠「左右逢源」的人,不是善於取悅每一方,而是懂得如何在立場之間找出共識,讓不同的人都感受到自己的價值被理解與尊重。

第四章　兵無常勢

跨部門協作的藝術

在產品開發過程中,研發部門強調技術原則,而行銷部門則更關注市場需求,兩者常處於拉鋸狀態。某家歐洲健康科技公司在開發新型可穿戴裝置時,便曾面臨類似困境:行銷團隊認為產品的市場定位模糊,難以推動推廣策略;而研發團隊則堅持既有設計不容妥協,導致雙方合作陷入僵局,進度嚴重延宕。

這時,一位高階專案經理接手協調。她未採取傳統的會議仲裁,而是與雙方代表進行非正式的訪談,了解背後真正的關注點與隱憂。她發現,雙方其實都期望產品成功,只是語言與目標定義存在落差。於是,她邀請一位中立的外部顧問主持跨部門工作坊,並運用視覺化工具與情境模擬協助兩方重構問題。

透過這場共創過程,行銷與研發團隊首次在非對立的氣氛中找到共同語言,不但明確重新定義了產品核心價值,也提升了雙方對彼此角色的理解。這次經驗證明:有效協作不在於誰讓步,而在於是否有人願意搭建對話的橋梁。

左右逢源並非見人說人話、見鬼說鬼話,而是一種根植於自我價值下的社交靈活度。真正擅長人際協調的人,往往有明確的原則與底線,只是在策略上更懂得選擇說話的時機、方式與場合。這樣的人能在不同的價值觀與觀點中穿梭,仍保持自我風格,不失立場。

從「剛柔並濟」到「表裡一致」

在左右逢源的能力背後，其實蘊含著幾項深層的修練，包括：

(1) 剛柔並濟：該堅持時不退縮，該讓步時知進退。

(2) 表裡一致：外在的言行與內在的信念一致，令人信服。

(3) 忍與抗的智慧：能夠承受壓力，但也知道何時挺身而出。

(4) 利益平衡：總能讓對方覺得有所獲益，達成共好。

這些都不是天生的天賦，而是透過每一次與人打交道中所累積的觀察與判斷力。

本節重點

- 左右逢源不是討好，而是以共感與策略創造雙贏。
- 善用溝通與協調能力，是現代組織不可或缺的核心軟實力。
- 保有原則的同時，調整手腕與姿態，才能真正走得長遠。

八、把握時機，展現自我價值

在當代職場中，單靠默默耕耘未必能獲得應有的機會與認可。許多人因為不擅表現自己，讓功勞被上司或同事奪去，甚

第四章　兵無常勢

至錯失晉升良機。在競爭日益激烈的環境下,能否在對的時間點展現自身價值,往往決定了個人的職涯高度。

在制度之內巧妙突顯自己

2018年,微軟在推動雲端轉型計畫時,一位來自印度的中階工程師阿比謝克(Abhishek Rao)以其技術背景與市場洞察,設計了一項自動化測試工具。這項成果雖是團隊合作的結晶,但主管卻傾向將功勞歸為己有。

為了避免被掩蓋,阿比謝克選擇在公司內部通訊平臺上,寫了一篇技術分享文章,標題為〈如何讓測試效率翻倍的關鍵改進〉(How I Got My Voice Heard Without Stepping on Toes),清楚列出問題、解法與效益,並標註了團隊其他成員的貢獻。他同時把文章副本寄給部門副總,表達自己願意進一步負責部署推廣。副總注意到這項貢獻後,親自指派他擔任新部門的技術顧問,從此開啟職涯新局。

阿比謝克的作法並非鋒芒畢露,而是透過制度允許的方式讓實力被看見,既爭取認可,也維持團隊和諧。

八、把握時機，展現自我價值

從提案中突顯專業與責任感

在許多企業中，員工大會或內部提案會常被視為例行流程，然而對於有心者而言，這些場合其實正是展現價值的絕佳舞臺。

2020 年，瑞典綠能電池新創公司 Northvolt 為鼓勵員工參與營運優化，推動一項內部創新提案制度，開放所有部門提交改善建議。當時，一位年資僅一年的數據分析師便主動提出針對電池材料回收流程的優化構想，不僅指出現行產線在資源利用上的潛在損耗，還附上一套具體的改進建議與效益預測試算。她的提案獲得高層重視，並成為公司後續優化計畫的一部分。

這次行動也讓她在公司內部脫穎而出，後續被延攬至策略部門擔任專案協調角色。她的成功不只是來自技術能力，更在於掌握了適當的時機與方法，主動讓自己的觀察與貢獻被看見。

在現代職場中，與其等待他人發掘，不如善用制度中允許的機會，主動創造可見性。適時而有策略地展現自己，往往正是改變職涯節奏的關鍵節點。

表現自己是對機會負責

現代社會節奏快速，主管與決策者很難主動細察每一位員工的貢獻與潛力。若總是羞於表達、不敢展現，就可能錯失競爭舞臺。適度表現自己，不等於炫耀自滿，而是對個人能力的一種負責。

第四章　兵無常勢

建立良好的個人形象,也不僅限於職場表現,更可從溝通方式、穿著打扮、甚至社群平臺的經營中體現。當你在公開場合展現一致的專業與風格,自然會在人群中被注意,為未來鋪路。

讓時機為你說話,讓表現為你鋪路

重點不在於時時刻刻都表現,而是在恰當的時候、用恰當的方式發聲。那些能把握節奏與語境的人,懂得何時開口、何時沉默,往往能在關鍵時刻一鳴驚人。所謂「見人說人話、見事說重點」,就是一種高階的表現智慧。

不應讓自己的光芒永遠被埋沒,特別在年輕階段,要懂得塑造自己的風格、特色與價值標籤。社會不需要每個人都張揚,但也不會為靦腆的人特別留燈。

本節重點

- 適當表現自己,是一種負責任的職場態度。
- 抓住時機發聲,能讓才華不被掩蓋,也能取得信任。
- 善用公司制度與公開平臺,是建立個人影響力的有效手段。
- 「能見度」與「實力」並重,才是真正的職場競爭力。

九、適時讓步，也是前進

當前面的路被一座高山擋住時，執著往前衝不一定是最佳選擇，繞道雖遠，卻更有可能通達彼岸。人生在世，懂得適時後退，是一種策略，更是一種成熟的手腕。很多人之所以失敗，並非因為他們不夠努力，而是過度強求直線前進，結果反而碰得頭破血流。

面對難題、對手或內部壓力，退一步或許可以更好地調整自己、觀察局勢，甚至重新布局，為下一次出擊累積力量。這種後退，並非怯懦，而是如猛虎捕獵前的後躍，只為更有力的撲擊。

策略性退讓

2007 年，瑞典企業家丹尼爾‧艾克創辦了音樂串流平臺 Spotify，面對的正是由 iTunes 主導、盜版猖獗的數位音樂市場。當時艾克希望與音樂產業巨頭環球音樂（Universal Music Group）合作，但遭遇了極大阻力。環球不信任 Spotify 這樣一家剛創辦的公司，擔心它將會像 Napster 一樣導致音樂產業進一步崩壞。

若按照一般創業者的做法，艾克應該再度游說、施壓、說

第四章　兵無常勢

服投資人施力。然而他選擇了「後退一步」——Spotify 暫緩進入美國市場，轉而在瑞典、英國等歐洲國家建立用戶基礎，證明自己能讓使用者付費、讓唱片公司獲利。他甚至主動讓權利人參與平臺股份分配，打消其顧慮。這一策略在 2011 年終於奏效，Spotify 成功登陸美國，並與環球、華納等主要唱片公司建立穩定合作關係。

Spotify 如今成為全球最大的音樂串流平臺，證明當年這步退讓，是一場精準的布局，而非示弱之舉。

退一步，創造更大可能

現實生活中，有時退讓看似吃虧，實則為更大的轉機埋下伏筆。尤其在商場與職場，不能一味追求「一步登天」，更需要對時勢的判斷與應變。懂得「退」的領導者往往更有耐力，也更能拉長戰線，創造屬於自己的節奏。

不少人在遭遇權力鬥爭或組織矛盾時選擇正面對抗，結果導致兩敗俱傷。而能夠後退的人，則可能在沉潛期間悄悄累積能量，一旦時機成熟再度出手，局勢便能徹底翻轉。歷史上與當代企業界皆有許多類似的實例，強調的是後退不等於結束，而是一種策略性的重啟。

九、適時讓步，也是前進

本節重點

- 後退不代表失敗，而是一種觀察與重整的策略。
- 面對強勢對手或不利局勢，退讓反而能換取談判籌碼。
- 真正的強者，能進也能退，知進退者方能成大事。

第四章　兵無常勢

第五章
赢在人心

第五章　贏在人心

一、第一印象的重要性

在人際互動中,第一印象往往成為一個人日後判斷他人的基礎。無論是初次見面、面試、職場簡報或社交場合,首次的自我呈現都將深刻影響對方對我們的看法。心理學上稱之為「初始效應」(primacy effect),意思是人們會傾向根據初次接觸的印象來評價一個人,且這種印象一旦形成,便難以改變。由此可知,第一印象的力量遠比我們所想的更為關鍵。

穿著得體、舉止有禮、眼神有神,甚至是一個自然的微笑,都是在無聲中建構自我形象的細節。良好的儀容與談吐,不只傳達出對他人的尊重,也是一種展現自信與能力的象徵。在今日社會快速節奏下,彼此的接觸往往短暫,若無法在短時間內留下好印象,很可能會錯失合作或進一步交流的機會。

外表只是起點,內涵才是延續

然而,形象絕非僅止於外表的包裝,而是一種內外合一的整體表現。穿著是一種語言,它述說著我們的生活態度、價值觀,甚至潛在的社會角色。細膩的舉止、從容的姿態、穩重的談吐,更能在與人互動中發揮深遠的影響。舉止之中所透露的修養,才是形象能否持續發酵的關鍵。

一、第一印象的重要性

美國知名投資顧問凱蒂・威特（Katie Witthuhn）在接受訪問時分享她的一次轉折性經歷。她說自己早年曾在一場企業募資簡報中，因穿著不合宜與舉止不夠自信，導致整場簡報無人提問、氣氛尷尬。她意識到自己給人的第一印象並不專業，決定重新打造個人形象，不只是改變服裝，更包括說話語速、坐姿與眼神交流的練習。三年後，她已成為企業圈爭相邀約的顧問，也贏得多間創投公司的信任。她坦言：「真正讓我脫穎而出的，從來不是資歷，而是我怎麼讓別人在第一眼就想要認識我」

用細節累積影響力

形象的建立並非一蹴可幾，它需要細節的堆疊與不斷修正。我們在站立、走路、坐下、甚至舉手投足之間所傳遞出的訊息，往往比言語更有分量。職場中有些人不需多言，僅憑穩重的氣場與清晰的表達，就能獲得上司與同事的信賴。這種影響力的來源，來自於長期對自我要求的累積。換句話說，一個良好的形象，其背後承載的，是一個人對自身價值與專業的認同。

在這個視覺主導與時間碎片化的時代，誰能掌握形象的主動權，誰就更可能在社會競爭中取得先機。建立一個令人信服、容易記住的形象，已不只是社交禮儀，更是一種策略性的資本。

第五章　贏在人心

本節重點

- 第一印象往往決定他人對你的基本看法,影響深遠。
- 良好的形象需結合外表與內涵,展現自信與修養。
- 在時間有限的互動中,細節決定影響力。
- 形象是一種可累積的資本,是現代社會競爭的重要利器。

二、建立連結,從名字開始

在職場與人際互動的過程中,能夠記住別人的名字,看似平凡,實則是一種強大的影響力。名字不只是個人身分的標記,更承載著對方的自尊與存在感。當一個人被準確地喚出名字時,會自然地產生被重視、被肯定的心理反應。這不僅僅是一種禮貌的表現,更是人與人之間建立情感與信任的起點。

心理學研究指出,人在初次見面後的幾分鐘內,若能聽見對方重複自己的名字,對該人的好感度與信任度會顯著提升。這種現象與人類對「自我相關刺激」的敏感有關。簡單來說,聽見自己的名字,是一種被辨認與認可的訊號,能夠直接激發大腦的正向回饋系統。

二、建立連結，從名字開始

從名字開始建立人際優勢

問題是，大多數人對於名字的記憶力並不好。許多人在應酬過後，連對方的姓氏都記不得，更別說精準地稱呼對方了。但這並非天生的缺陷，而是來自缺乏練習與有意識的關注。與其將「我記性不好」當作藉口，不如主動訓練自己在與人互動時放慢節奏，集中注意力聽清楚對方的名字，並在對話中適當地重複一次或兩次，以加深記憶。

企業家丹尼爾・盧貝茨基（Daniel Lubetzky），便是一位善於記住別人名字的高手。他是健康零食品牌「Kind Snacks」的創辦人，憑藉著高度的情感智慧與細膩的人際技巧，在創業初期成功建立起投資人與顧客之間的信賴關係。

他曾在訪談中分享，有一次參加一場商業聚會時，他在場中遇到的每一位與會者名字都記得清楚，甚至連對方三年前曾在另一場研討會上與他聊過的話題也能信手拈來。這種記憶力並非天賦，而是他在會後立刻記下對方姓名與對話重點，持續累積人際資料庫的結果。

名字就是最動聽的稱呼

對他人而言，自己的名字是世上最熟悉也最親切的語詞。若能在初次見面後便熟記對方的名字，並於下一次見面主動稱

第五章　贏在人心

呼對方，不但能拉近彼此的距離，也能顯現出自身對細節的敏感與重視。反之，若在需要稱呼時吞吞吐吐、錯叫對方名字，會讓人感到被忽視甚至輕視。

在建立長久合作關係與領導影響力的過程中，「記得名字」這個簡單的行為，便是一種低成本、高報酬的人際投資。領導者若能記住團隊成員的名字，不僅能展現親和力，也會提高部屬的歸屬感與工作投入度。

現代企業講求溝通效率與情感連結，從名字做起，既是基本禮儀，更是職場成功的關鍵要素之一。

本節重點

- 名字是個人身分與自尊的象徵，記住對方名字有助於建立信任與好感。
- 多數人忘記名字並非記憶力差，而是缺乏專注與刻意練習。
- 精準地稱呼對方名字是一種高情商的展現，有助於提升職場與人際關係品質。
- 透過簡單技巧，如重複使用、聯想記憶與筆記整理，可以有效掌握人名並留下深刻印象。

三、讓笑容替你說話

微笑是一種強大的社交武器,它跨越語言與文化的障礙,展現出人的涵養、善意與自信。對於人際互動而言,笑容不僅是一種親切的表情,更是一種信任與友誼的橋樑。心理學研究指出,微笑具有感染力,能讓他人感到安心、受到尊重,也能有效緩解緊張的氣氛。

正因為如此,在社交、職場、甚至家庭生活中,懂得真誠微笑的人,往往更能贏得他人的好感與支持。

現代生活節奏緊湊,許多人總是面無表情地趕著下一件事,忽略了表情語言在人際關係中的重要性。但事實上,微笑是最不花錢卻最有價值的表達方式之一。

心理學家羅賓・邁爾斯（Robin Myers）曾指出,當一個人以微笑開場時,他在對方心中的第一印象就會迅速提升,進而增加溝通的成功機率。即使是在面對不愉快或壓力的時刻,一抹從容的微笑也能化解僵局,讓雙方維持對話的空間。

用微笑贏得人心

希爾頓飯店集團（Hilton Hotels）創辦人康拉德・希爾頓（Conrad Hilton）早年投入飯店業時,面臨了經濟蕭條與市場競

第五章　贏在人心

爭的雙重壓力。當母親提醒他,要用「簡單、容易、不花本錢又能持久」的方法贏得顧客時,他開始在飯店中推行「微笑服務」策略。從門房到櫃臺人員,每一位服務員都必須以真誠微笑迎接顧客。他甚至親自巡視各分店,確保微笑文化落實到每一個細節。

　　希爾頓相信,顧客在離開飯店時會記得的,不一定是高級設施或華麗裝潢,而是那一張溫暖的笑臉。他曾說:「如果我們的員工能每天用微笑為客人送上愉快的早安,那麼我們的旅館就贏了一半。」這樣的服務理念在當時看似簡單,卻深深打動顧客的心。即使在大蕭條時期,希爾頓飯店仍維持穩定的營收,其成功並非偶然,而是微笑帶來的長遠影響力。

微笑的價值超越言語

　　在面試場合中,微笑同樣扮演重要角色。一位來自東京的年輕女性在參與一家國際品牌的面試時,並沒有炫耀學歷或語言能力,而是在每一個提問中都面帶微笑、神情專注。面試官事後表示,正是她那份自然流露的親和力,讓團隊一致決定錄用她。相對地,另一位學經歷更優秀的求職者,卻因面無表情、態度冷淡而被淘汰。

　　人的第一印象往往是從表情開始建立的,而一個真誠的笑容,遠比長篇大論來得打動人心。

本節重點

- 微笑是一種有效的社交工具,能迅速拉近人與人之間的距離。
- 真誠的笑容展現自信與善意,有助於建立好感與信任。
- 在求職與職場中,微笑往往比語言更具說服力與影響力。

四、廣結人緣,合作的力量

人類是群居的動物,與外界的連結是生命中不可或缺的一部分。蜘蛛能透過細密的網捕捉資訊與獵物,人也需編織一張屬於自己的人脈之網,來捕捉機會與支持。這張網並非憑空而來,而是透過長時間的人際經營與細緻的互動所形成。

當代社會講求分工合作與多元連結,單打獨鬥往往侷限了自己的發展空間,唯有主動出擊,廣結善緣,才能讓個人的價值充分發揮。

在職場或生活中,擁有人脈資源就像擁有備援系統,不僅在關鍵時刻有人相助,更能讓人迅速掌握環境動向、預測風險與抓住機會。正如俗話所說:「一個籬笆三個樁,一個好漢三個幫」,成功者的背後,往往有一群默默支持的人在牽引與助力。

第五章　贏在人心

人脈的建立從不僅限於志同道合之人，還應拓展至不同領域、背景各異的夥伴，才能達到資源互補的綜效。

用策略鋪展人脈網

美國女創業家莎拉‧布雷克莉（Sara Blakely）是如何從一位素人創業者，建立起全球知名的內衣品牌 Spanx？關鍵在於她對人脈的經營，不靠硬推，也不靠運氣，而是透過細膩觀察與誠意互動，逐步建立起深厚的信任網路。

創業初期，布雷克莉面對塑身衣市場的冷漠回應與通路閉門羹，並未選擇正面硬攻，而是轉向理解她的潛在顧客——現代職場女性——真正的生活樣貌與困擾，並試著靠近這個族群周圍的關鍵影響者。她參加女性企業家聚會，主動建立連結，並運用既有的人脈關係，讓產品一步步進入目標市場視野。

她的轉捩點出現在 2000 年，當時她主動寄送 Spanx 給美國知名主持人歐普拉‧溫芙蕾（Oprah Winfrey）試穿。歐普拉對產品驚艷不已，將其列為當年度「最愛商品」之一，為 Spanx 帶來龐大關注與銷售成長，也讓品牌從此在市場上站穩腳步。

布雷克莉的成功並非偶然。她不以關係為工具，而是以「理解對方關注什麼，然後真誠地提供價值」為原則，逐步累積出可持續的人脈資本。這些連結在關鍵時刻轉化為助力，成為品牌背後看不見卻至關重要的推手。

四、廣結人緣，合作的力量

投資人脈，收穫未來

在競爭激烈的職場與創業環境中，人脈不只是加分項，更是決勝的關鍵。調查顯示，超過 70％的職涯轉換或專案合作，來自於個人的人際網路。與其等待機會上門，不如主動出擊，透過具策略性地擴展人脈、提供價值、交換資源，為未來鋪出更寬闊的道路。

人脈不是短期的功利工具，而是長期誠意與信任的累積。在這個「認識誰比你知道什麼更重要」的時代，打造一張有深度與廣度的關係網，是每個人都該提早布局的課題。當你真心對待他人、真誠經營每段連結，久而久之，那些看似微不足道的互動，將會成為你人生關鍵時刻的安全網與推進器。

本節重點

- 人際網路是現代社會中不可或缺的成功關鍵。
- 懂得策略經營與真誠互動，能擴大人脈的影響力。
- 主動幫助他人、創造價值，是建立人際信任的根基。
- 人脈是長期投資，應持續經營並不斷深化。
- 人緣不會自己飛來，唯有積極拓展與真誠付出，方能擁有牢固的支持系統。

第五章　贏在人心

五、學習將心比心

　　同理心，是建立良好人際關係的核心能力。真正的同理，不只是懂得替人著想，更是一種將心比心、發自內心的體貼與關懷。當我們能站在對方的立場看事情，就更容易理解他人的反應與選擇，而這樣的理解，正是人際溝通中的橋樑。

　　《伊索寓言》裡太陽與風爭強，風用力吹、欲使旅人脫去外衣，結果卻適得其反；而太陽溫柔照耀，旅人反而心甘情願地脫掉外套。這個故事流傳千年，卻依然點出同理心的精髓——用溫和取代壓迫，以理解取代指責，效果往往更為深遠。

　　心理學家丹尼爾·高曼（Daniel Goleman）曾指出，情緒智商中的關鍵能力之一就是「能察覺他人需求與感受，並以適切方式回應」，這正是同理心在現代社會中的具體體現。

以心換心的力量

　　有時候，面對意見不同、甚至態度強硬的人，我們第一時間會感到挫折或不耐，但若能稍作停頓，嘗試理解對方行為背後的動機，也許就能化解衝突、轉換氣氛。

　　美國全國公共廣播電臺（NPR）節目製作人莎拉·科尼格（Sarah Koenig）在籌備廣播節目《Serial》第一季時，訪問了一

位因謀殺罪入獄的男子阿德南・賽義德（Adnan Syed）。起初，莎拉抱持強烈質疑與距離，然而，隨著一次又一次的訪談，她開始深入傾聽、理解對方的處境與內心。這份理解，並未直接使她下結論，而是讓她誠實面對所有的灰色地帶。在節目播出後，這種帶著同理心的報導方式引起巨大迴響，讓大眾開始重新思考何謂「正義」與「偏見」，也促使司法界再次檢視該案。

莎拉的成功在於，她以真誠而非偏見進入他人的世界，也因此贏得廣泛信任與影響力。

微小舉動，創造連結

其實在日常生活中，展現同理心並不一定需要偉大的舉動。適時地關心對方的處境、送上一句貼心的問候，或只是耐心傾聽對方傾訴，這些看似微不足道的舉動，卻可能成為對方心中一盞燈。

一位國際學生初到陌生國度，面臨語言與文化的雙重挑戰。他在初入校園時曾因發音不標準而被嘲笑，但有一位教授不僅主動與他溝通，還鼓勵他用母語分享自己的故事，進而開設課堂主題討論多元文化。這樣的包容與理解，不僅讓這位學生找回信心，也鼓舞了其他在場學生學會尊重與傾聽。

同理心從來不是軟弱的表現，而是一種堅強的能力。在商場、職場、人際關係中，它都是穿透對立與誤解的鑰匙。而唯

第五章　贏在人心

有學會傾聽、理解、體察，我們才能真正「與人為善」，建立起深厚又持久的連結。

本節重點

- 同理心不只是感受他人，而是站在對方立場真誠體會。
- 用理解取代指責，才能化解衝突、建立信任。
- 日常小舉動亦能發揮同理力量，創造人際正向循環。
- 在工作與生活中，善於同理的人往往能獲得更深層的人際支持。

六、送禮不只是表面功夫

在全球化的職場與人際環境中，禮貌與適時的禮物表達不僅是文化傳統，更是一種能夠潤滑人際關係、促進信任的實際策略。從心理學角度來看，禮物的價值不在於價格的高低，而在於它所傳達的情感與關注。對於現代人而言，「禮輕情意重」不只是口號，而是實際生活中得體表達心意的精要。

人際往來之中，何時送禮、如何送禮，皆考驗著一個人的細膩與智慧。送得巧，就能讓對方感受到關懷而非壓力；送得

不當,則可能招致反感甚至誤解。尤其在尚未求助於人的時候便適時釋出善意,更能在無形中建立起深厚的人際信任,為日後可能的合作鋪設穩固的基礎。

真誠送禮,創造長遠價值

藝術圈的合作關係,往往不只是靠作品實力,也來自創作者與觀者之間的情感連結。英國藝術家 Venessa Arizaga 就是一個例子。她並非透過經紀人或展覽推薦打入主流視野,而是在一次偶然的機會中,主動向一位策展人寄出一封親手書寫的信件,表達她對該藝廊展覽理念的認同與感謝。

信中她並未刻意推銷作品,而是分享自己創作背後的故事與理念,以及那位策展人過去策畫的展覽如何啟發了她的藝術方向。這封信打動了策展人,不久之後,她便獲得一次小型聯展的機會。雖不是大型主展,但她藉此累積了初始曝光與觀眾口碑,進而促成更多藝術空間的邀約。

在建立人際連結時,「真誠」遠比「技巧」更能長久。當我們願意以感謝與欣賞為出發點,不求立即回報,反而可能在未來某個時間點,打開一扇意想不到的門。

第五章　贏在人心

懂得給予，也要拿捏分寸

在美國某家中型科技公司任職的產品經理艾瑞卡曾因長期跨部門合作而感受到溝通障礙。她觀察到工程團隊對產品部的提案總是抱持保留態度，進而延誤專案進度。為了改善關係，她開始在每次專案結束後，準備簡單的小禮物，例如一張感謝卡配上一盒當地甜點，親自送到對方辦公桌前。

她從不把這些禮物當作業績工具，而是作為人與人之間真誠合作的象徵。幾個月後，她發現原本緊張的部門間互動變得更流暢，工程團隊也更願意提早參與專案設計階段。後來，她的影響力獲得高層認可，不僅升任跨部門協作負責人，還被派任內部文化改善小組。

職場中的「送禮」不在於價值大小，而在於情境對的時候，傳達出理解與欣賞，這種溫度，才是建立長久信任的關鍵。

送禮其實是一種細膩的溝通方式，它不單是社交禮節，更是職場策略。透過適時適度的關懷與給予，不僅能強化個人形象，也能無形中編織出一張穩固而溫暖的人際網路。

本節重點

- 禮物的關鍵在於真誠，而非價值。
- 適時送禮能建立長遠信任與合作機會。

- 送禮應注重對方需求與情境，避免讓人有壓力感。
- 職場中的小禮表達是建構團隊向心力的有效方式。
- 無事時送禮，較易在有事時獲得正向回應。

七、人格魅力，你的實力

當一個人走進人群，還沒開口就能讓人側目關注，這樣的力量往往來自於他的個人魅力。人格魅力是一種難以具象描述的吸引力，它不只是外在表現的優雅，更是一種內在成熟與穩重的展現。

有人說魅力是一種看不見的影響力，也是一種最接近成功本質的能量。這樣的人，無論身處順境或逆境，總能穩定自己，也感染他人，猶如磁石般，凝聚眾人。

魅力是可培養的習慣

許多人誤以為魅力是與生俱來的，其實不然。就如同智慧與情感成熟，魅力也是長年生活歷練與價值選擇的累積。在我們的觀察中，常可見一些條件平庸但態度得體的人，在職場或人際中出人頭地，甚至超越那些天資聰穎者。這並非偶然，而是他們在人際互動中散發出的特質，產生了非凡的影響力。這

第五章　贏在人心

樣的魅力來自日常的點滴修養，包括待人接物的誠懇、自我態度的穩重、處事原則的清晰等。

瑞典平權倡議者阿曼達・隆德特格（Amanda Lundeteg）是 AllBright 基金會的執行長，長期致力於推動企業性別平等與領導階層多元化。她的工作並不只是提出報告或統計數據，更包含無數次與企業高層、政策制定者的對話與溝通。在早期倡議過程中，她以直率著稱，但也意識到，若希望理念真正被聽見，就必須學會「走進對方的世界」。

她開始調整與人互動的方式，從激烈對抗轉向以同理與數據並進的說服模式。在演講場合中，她展現出對企業經營難處的理解；在會議中，她學會耐心傾聽不同部門的語言。這些變化讓她逐漸從單純的倡議者，轉變為一位能建立對話橋梁的領袖人物。

阿曼達曾在訪談中坦言：「改變不是靠我一個人喊話，而是靠讓他人願意加入改變。」她的經驗證明，魅力不必來自外在包裝，也不需要強勢手段──真正的影響力，往往來自對他人的理解與尊重。

人格魅力的鍛鍊方法

人格魅力的核心在於吸引力，而吸引來的，多是與我們價值觀相近的人。這是一種內在與外在一致的結果。要擁有這樣

七、人格魅力,你的實力

的吸引力,除了不斷提升自我認知,更要強化幾項關鍵特質:

(1) 保有願景與清晰方向

有魅力的人往往能提供願景與希望。他們具備造夢的能力,擅長勾勒未來藍圖,能激勵他人前進。即使在處於高峰時,也能自我提醒不陷入驕傲,保持危機意識。

(2) 情緒穩定與自制力

真正有魅力的領導者能做到喜怒不形於色。他們懂得情緒的影響力,不輕易將個人感受外露,反而以沉穩與安定的氣場,帶動周遭人的信心與秩序。

(3) 創新思維與行動勇氣

面對變局,有魅力的人不畏改變。他們具備與時俱進的開放態度,願意接受挑戰,也能帶動組織從穩定邁向轉型,開創新局。

(4) 人際包容與高情商

魅力來自親和與信任的累積。有魅力的人具備寬闊胸襟,不斤斤計較,能在衝突中緩和氣氛,在合作中展垷尊重。他們懂得善用情緒與語言的力量,創造雙贏的局面。

第五章　贏在人心

魅力的價值超越表象

　　魅力不單只是說話的技巧，也不是虛浮的外表裝飾。它是一種真實而穩固的吸引力，會在人與人之間產生連結。當一個人散發出這樣的力量時，不僅容易取得信任，更容易在人際中建立影響力。

　　過去在巴黎沙龍文化中，許多女性並非年輕貌美的女主人，卻因優雅的談吐與獨到的眼光成為當時最有影響力的社交中心人物。這樣的魅力正是讓一個人即使不在鎂光燈下，依然光芒四射的原因。

本節重點

- 人格魅力並非天生，而是可透過日常修養與人際互動逐步培養。
- 具備吸引力的特質包括願景領導、自我控制、創新勇氣與人際同理。
- 魅力的真正來源是內在穩定與外在表現的一致。
- 成為有魅力的人，是打造長遠人脈與成功職涯的關鍵一步。

八、讓讚美更動聽的方法

在辦公室或社交場合中，人們經常陷入八卦與談人是非的漩渦中。一談起不在場者的瑕疵或祕密，氣氛似乎便活絡了起來。然而，這種對話看似熱鬧，實則毫無建設性，甚至可能種下人際裂痕。無論談論的初衷是否惡意，流言在傳播過程中常常被誇張渲染，最終可能演變為讓人受傷的言語。

舉例來說，有位上班族朋友曾為了試探某同事是否會傳話，特意在上午對該同事透露了一則虛構的小訊息，結果下午便聽到主管提起此事，可見訊息傳播之迅速與扭曲程度之高。若要在背後談論他人，倒不如堅持只說對方的優點與善行，這樣即使內容被轉述，依然能為自己加分，也不會傷害當事人。

背後讚美能建立真誠形象

人在背後被稱讚時，會有一種「無意中得知的真心話」的感受，因此感動與認同的程度更深。與此相比，當面讚美往往容易被解讀為討好或客套，尤其在階級分明的職場環境中，更可能引來同儕的猜疑，甚至讓對象本人感到尷尬；反之，在背後說好話，即使對方未必立即得知，也會因讚美的真誠感而產生更強的影響力。

第五章　贏在人心

　　心理學上指出，人類的自尊需求不僅來自外界的肯定，也源自對自己在他人眼中形象的預期。當人們得知他人私下對自己有正面評價，往往會產生一種被真正理解與認同的感受，進而拉近雙方心理距離。

背後一句話，轉化關係的契機

　　在一家美國科技公司中，產品經理艾蜜莉與工程部門的技術主管之間曾因專案節奏與資源分配問題，關係緊張許久。兩人在會議上時常針鋒相對，甚至彼此在團隊中都不太願主動合作。

　　一次部門聚會後，艾蜜莉在與另一位資深同仁聊天時，談到對那位技術主管雖然在協作上意見不合，但不得不佩服他對技術品質的堅持，以及他對部門新人所付出的指導心力。這段對話後來輾轉傳到了那位主管耳中。

　　意想不到的是，這句無意間的讚美成為兩人關係的轉捩點。那位主管主動提出重啟協作機會，態度也比以往開放許多。雙方在之後的合作中不但建立起良好互信，也成功推動多項跨部門流程優化的改革。艾蜜莉後來也坦言：「我從來沒想過，真正改善關係的，是一句我根本沒打算讓他聽到的話。」

　　根據哈佛商業評論指出，來自第三方傳遞的正向評價，有時比當面稱讚更能化解防衛與隔閡。因為那往往代表更真誠、無目的的認同，會讓人自然地放下戒心。

八、讓讚美更動聽的方法

人際中的關鍵細節

人際關係本質上是細節的累積。與其在當事人面前說一些誇讚話語，讓人懷疑動機，不如在他人面前自然地表達對某人的欣賞。這樣的語言往往不會被認為是計算後的讚美，而是出於真誠的觀察與認可。即使當事人當下並未得知，長遠來看也會在人際圈中形成正向影響。久而久之，這種行為會為自己累積良好聲譽，成為值得信賴且受歡迎的人。

背後的讚美不僅是社交智慧的展現，更是一種高層次的情緒智慧。懂得在適當時機肯定他人、維護他人形象，是建立長久人脈與信任關係的要訣。這種溫和卻深刻的力量，足以影響團隊氣氛、增進互助，也讓自己成為那個眾人願意親近的夥伴。

本節重點

- 背後的讚美更能展現誠意，容易打動人心。
- 不在場的正面評價，有助於建立自己的正向形象。
- 與其當面奉承，不如真誠地在背後肯定他人優點。
- 長期實踐背後說好話的習慣，將提升人際影響力與信任感。

第五章　贏在人心

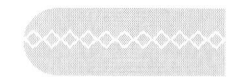

九、在需要時伸出援手

在生活當中，人人皆有可能陷入困境，也都可能成為施援之人。當對方主動開口求助時，往往已是迫於無奈、無路可退，此時若答應協助，就應當及時出手。幫人，講究的是「急中伸手」，而非事後安慰。因為人在困頓時一旦獲得承諾，便會將希望寄託於對方，若最後遭到冷落，失望之餘更可能產生怨懟。單有同情心不足以成事，只有提供實質協助，才能真正解人之困，也才能贏得對方的誠摯感激。

2008 年，Facebook 仍處於快速成長的關鍵時期，馬克・祖克柏（Mark Zuckerberg）在管理層的經驗明顯不足，公司面臨資金、人事與策略等重重挑戰。正當 Facebook 亟需一位成熟的營運主管協助穩定軍心時，雪莉兒・桑德伯格（Sheryl Sandberg）主動從 Google 離職加入 Facebook。她的到來不僅協助公司建立明確制度，也化解了管理上的混亂，讓祖克柏得以專注於產品開發。

這段合作關係也在多年後轉化為深厚情誼，祖克柏不只一次在公開場合表達對她的感謝。桑德伯格的加入正是在 Facebook 最脆弱、最需要支援的時刻伸出援手，典型地體現了「雪中送炭」的價值。

幫助越早越能建立深情厚誼

人與人之間的情誼，多數源自於困境中彼此攙扶。當一個人事業未起時，少有人願意投注心力協助。可是一旦有人在低潮時伸出援手，這份恩情往往會深埋心中，成為他日回報的起點。這也是為何「錦上添花」雖得人歡喜，卻終究不及「雪中送炭」來得可貴。試想，一個渴極之人得一杯水，其感動遠勝富人得一袋黃金；同理，若人已脫險後才收到援助，那已無實際意義。

細微之舉也能贏得人心

現代職場中，許多升遷與認同其實來自於危急時刻的挺身而出。不是每一次幫助都要大張旗鼓，有時一項主動的承諾、一句安慰的話語，便能讓人銘記於心。對於處於壓力中的主管而言，有人願意承擔責任與解決問題，遠比一味的推諉或無動於衷更具價值。在這個講求效率與成果的社會，真正的關懷往往來自於即時與實質的支援。

當然，助人也需智慧。若幫助過於頻繁，對方可能視為理所當然；若過度付出，反倒讓人產生壓力與自卑，導致關係變質。因此，在幫助他人的同時，也要保有適度的界線與節奏。正如

第五章　贏在人心

有些領導者在激勵部屬時，選擇分段提供資源與機會，以保持員工的進取心與忠誠度。

本節重點

- 真正有效的幫助，必須在對方最需要時提供，才能產生最大價值。
- 困境中伸出的援手，比順境中的關懷更能打動人心。
- 職場上的主動協助常是升遷的契機，應把握關鍵時刻展現能力與誠意。
- 助人應把握分寸與節奏，避免讓對方產生壓力或視為理所當然。
- 長遠的人際關係往往奠基於關鍵時刻的實質幫助，而非表面交情。

十、知錯要能改

在創新快速的商業世界裡，失敗幾乎是常態。根據美國「失敗產品博物館」（Museum of Failure）的統計，每年超過 5,000 種新產品推向市場，真正被消費者接受的不到 20%。館內收藏了

十、知錯要能改

超過 8 萬件產品，從設計不當、價格失衡到品牌策略錯誤，無所不包。但令人敬佩的是，許多失敗產品的企業高層並不迴避過去的錯誤，反而願意面對失敗、接受批評，並從錯誤中尋找改進空間。

成功並非一蹴可幾，失敗若能帶來反思，就成為邁向成功的重要一步。

誠實認錯，比辯解更具力量

人對犯錯的反應可分為兩類：一種否認推託，甚至找藉口卸責；另一種則是勇於面對，承擔錯誤，並尋求改正之道。後者雖不討巧，卻最能贏得信任與尊重。正如古語所言：「人非聖賢，孰能無過？」但若能「聞過則喜、知過能改」，犯錯反倒成為自我提升的契機。

2020 年，美國知名戶外用品零售商 REI（Recreational Equipment）推出一項名為 Opt Outside 的新計畫，鼓勵消費者在黑色星期五當天走出戶外，而非瘋狂購物。雖然此舉在初期廣受禮揚，品牌形象大幅提升，但隨著計畫實施數年，REI 的內部文化卻出現與此精神背道而馳的狀況。有員工揭露，公司未能保障勞工權益，臨時工普遍缺乏基本福利，與 REI 對外宣稱的「員工友善文化」形成強烈對比。

第五章　贏在人心

面對外界質疑，REI 的執行長艾瑞克・阿茲（Eric Artz）選擇正面回應，公開承認公司在內部管理上的疏忽，並在 2022 年啟動「Cooperative Action Network」改革行動，強化員工參與決策的機會，並檢討人力資源政策。他坦言：「我們如果自稱為合作社，就要更嚴格地檢視自己的作為。」這場來自基層的批評與上層的承認錯誤，最終讓 REI 重獲信任與尊重，也深化了品牌內外一致的價值。

勇於承擔，才是信任的基礎

在面對錯誤時，若只是推託他人，固然能暫時脫身，卻無法贏得長久的信任。一位員工若屢屢找藉口來逃避責任，不僅難以成長，也不可能成為主管眼中的重用之才。反之，一個能坦然面對自己失誤的人，不僅能迅速修正，也能在團隊中建立公信力，這種正直，是職場中最堅實的立足點。

承認錯誤需要勇氣，這份勇氣來自於內在的誠實與責任感。真正有自信的人，敢於說出「我錯了」，因為他們知道錯誤不是恥辱，而是前進的踏腳石。人的所有行為，終將受到道德與良知的引導，而勇於面對錯誤，正是人格成熟的象徵。

十、知錯要能改

本節重點

- 每個人或企業都難免犯錯,關鍵在於是否能誠實面對並改正。
- 勇於承認錯誤的人,比試圖辯解推諉的人更容易贏得信任與尊敬。
- 錯誤若能引發反思與行動,將成為邁向成功的重要資產。
- 錯誤是人生常態,唯有坦率以對,才能從中蛻變成長。

第五章　赢在人心

第六章
借力使力

第六章　借力使力

一、懂得借力，才能走得更遠

在自然界中，弱小的動物若想生存，往往需靠聰明取勝。狐狸雖不具力量，但若能與猛獸為伍，便可在叢林中無所畏懼。所謂「狐假虎威」，正是這類借勢的經典範例。這種策略並非只是欺壓他人之道，更是一種順勢而行的智慧表現。從歷史延伸到現代社會，無論在政治、經濟、外交甚至人際關係中，「借力使力」都成為常見的手腕。

在當代商業操作中，品牌形象的塑造不只靠產品本身，更仰賴與名人、權威之間的聯繫。這種「借名人之勢」的做法廣泛見於行銷廣告及企業公關中，因為人們天然傾向模仿、信任社會地位高者的選擇。於是，當一項產品與知名人士產生連結，即便只是稍縱即逝的評語，也足以左右群眾觀感。

一個轉發，點燃一切

2020 年，美國獨立音樂人納森・伊凡斯（Nathan Evans）原本只是一位來自蘇格蘭的郵差，在社群平臺 TikTok 上偶爾上傳自己翻唱的「海員之歌」（Sea Shanties），其中一首〈Wellerman〉意外獲得大量關注。

真正引爆現象的，是當紅喜劇演員吉米・法隆（Jimmy Fallon）和音樂劇作曲家安德魯・洛伊・韋伯（Andrew Lloyd Webber）分別在推特與 TikTok 上轉發與回應了這段影片，甚至親自參與合唱混音版本。這些行動迅速引來全球媒體報導，讓伊凡斯一夕之間從默默無名變成國際音樂公司爭相簽約的對象。

伊凡斯隨後與寶麗多唱片（Polydor Records）簽約，登上英國單曲排行榜，並受邀上 BBC、NBC 等節目。他在接受《紐約時報》訪問時表示：「我從沒想過唱一首老海歌，會讓我改變人生。」

在數位時代，一個無預期的轉發或名人讚賞，就可能成為讓創作與品牌突破重圍的引爆點。而當你準備好了，就有機會被世界看到。

借光不等於虛榮，而是策略

在現實中，能借來的不僅是名聲，還有地點、語言、習慣、文化認同等象徵價值。一場聚會上的合影、一張名人的簽名、一段社群媒體的互動，都可能成為「借光」的素材。這裡策略表面看來或許帶有沽名之感，但在快速傳播的時代中，善用符號與聯想，確實可快速拓展個人或品牌的影響力。

第六章　借力使力

世間許多成名人物，初期都非舉世聞名，他們往往隱於權貴背後，先借勢，再立名。透過名人、地點、事件等外力支撐，建立自身平臺與可信度，然後逐步展露實力。這不是投機，而是一種策略運用與格局擘畫。

本節重點

- 借勢之道不在於欺壓他人，而在於順勢而為、擴大自身影響。
- 名人、場域與權威象徵都可成為借力對象，關鍵在於運用得宜。
- 借力是一種策略性思維，有遠見者懂得在人脈與事件中尋找跳板。
- 在現代社會，適度借光已成為建立形象與信任的有效方式。
- 不怕借光，怕的是無光可借，借光之後能否立足，還須實力承接。

二、別小看可以拉你一把的人

社會就像一張密不透風的網，每一個交織點都是人脈的節點，而貴人，正是那些能夠牽引你向上、改變命運的關鍵人物。他們或許只是在你困頓時伸出援手的一人，或許只是給過

二、別小看可以拉你一把的人

一句話、一個方向，但這些微小的助力卻可能改變一生的走向。

成功不全然來自個人努力，有時候一位貴人出現的時間點，比你付出再多都來得有效。因此，懂得尋找、珍惜並與貴人合作，是人生智慧的重要課題。

有眼光，也有機會

美國時尚品牌 Telfar，由設計師特爾弗・克萊門斯（Telfar Clemens）創立於 2005 年，初期長期在主流市場中不被重視。2020 年，品牌重要通路之一——紐約連鎖百貨 Century 21 因疫情衝擊而宣布破產，對特爾弗而言是一大打擊。

然而一年後，Century 21 宣布品牌重啟，並邀請特爾弗擔任回歸計畫的創意總監與品牌合作夥伴，讓他成為百貨歷史上第一位獲此地位的設計師。Century 21 負責人雷蒙・金迪（Raymond Gindi）表示，他看重的是特爾弗所代表的「社群驅動品牌力量」，並認為這正是未來新零售的關鍵。

這場合作讓特爾弗的品牌聲量進一步爆發，包款也在社群媒體上成為搶購熱品。這不只是一次商業契機，更是一種在低谷中被看見的珍貴肯定。

第六章　借力使力

無心善舉，也能成為轉捩點

在現實社會中，貴人往往不是在你意圖討好時出現的，而是你誠懇待人、願意無私付出之後，因緣際會的回報。許多看似微不足道的幫助，在多年後可能被牢記於心，並以你無法預料的方式回報於你。那些真正影響命運的轉折點，往往不是用計算得來的，而是建立在人與人之間的信任與善意之上。

我們總渴望與卓越之人為伍，是因為他們所看見的世界角度與眾不同。當你願意觀察並學習這些人的思考模式與行動邏輯，會發現自己的眼界與格局也在潛移默化中提升。貴人的價值，除了在物質層面給予支持，更重要的是在思維層次上的帶領，使你不斷超越舊我，邁向更成熟的自己。

本節重點

- 貴人是人生中的關鍵節點，能加速你的成長與成功。
- 無心的善意行動，也可能為你種下未來的機會與福報。
- 與具遠見的人同行，能啟發思維，開拓格局，改變人生方向。
- 發掘並珍惜貴人，不只是求助，更是建立深度互信關係的起點。

三、有風時，不划槳也能前進

《兵經百字・借字》中說道：「己所難措，假手於人，不必親行，坐享其利。」這正是借力之術的精要。世人常誤以為成功唯有依靠個人努力與拚搏，但事實上，懂得適時借助外力，才是成大事者不二法門。

個人的時間、能力、資源終究有限，若能精準地運用他人的專業、人脈或權勢來補足自身不足，則可事半功倍，達成本難以完成之事。

借勢不只是手段，更是格局

人若陷於單打獨鬥，往往疲於奔命而難成氣候。唯有具備借勢的格局，才能順勢而起、引流而進。這不只是策略，更是一種對人性與系統理解的體現。巧妙借他人之力，不單是利用，更是互利共生；懂得運籌帷幄者，從不輕忽他人能量的價值。

Airbnb 創辦初期面臨極大的資金困難與市場疑慮。三位創辦人布萊恩・切斯基、喬・傑比亞（Joe Gebbia）與內森・布萊卡斯亞克（Nathan Blecharczyk）雖擁有創新構想，卻無法說服投資人與房東信任這種「讓陌生人住進你家」的共享概念。

第六章　借力使力

2009 年，他們做出一個關鍵決策：加入當時極具聲望的創業加速器「創業工坊」（Y Combinator）。這不僅為 Airbnb 提供資金援助，更重要的是借力「創業工坊」的聲譽與資源，讓他們在創業圈迅速獲得曝光與信任。

創業工坊創辦人保羅・格雷厄姆（Paul Graham）除了投資外，也親自指導 Airbnb 團隊調整商業模式，鼓勵他們深入拜訪用戶，並主動介紹媒體與潛在合作夥伴。這場借勢行動讓 Airbnb 不僅在短時間內吸引流量，更成功拓展至多國市場。切斯基後來坦言，他們真正起飛的關鍵，並非資金，而是「保羅・格雷厄姆那份願意為我們背書的信任」。

這不只是一次創業輔導，更是一場勢能轉移的實踐——Airbnb 藉助外力撐起了信任的支點，從而實踐了他們對共享經濟的理想。

利從勢來，勢由助積

胡雪巖曾說：「有勢就有利。」這話在今日仍深具現實意義。在資源密集的環境中，能掌握勢者，即能引導資源流向己身。勢的建立並非偶然，而是來自持續經營關係、提升價值與懂得幫助他人的累積過程。現代商業世界講求分工與合作，一個懂得借勢的人，往往只需做自己最擅長的那一環，其他則透過網路與資源互補來完成全局。

真正聰明的人從不試圖奴役或壓榨他人，而是積極地幫助他人成功。這樣做，不僅累積信任與聲譽，更建立起可借用的勢能網。你給出去的，終將以意想不到的形式回到你身上。當你願意為他人付出，自然也更容易在自己需要時獲得支援。借勢，從來都不是單向操作，而是基於關係與信任的循環。

本節重點

- 成功往往來自借助他人之力，而非單憑個人拚搏。
- 借勢是一種策略，更是一種對人性與資源動態的理解。
- 在適當時機與正確對象建立連結，可大幅提高行動效率與成功機率。
- 勇於借力，靈活運用他人之長，方能行己之志、成己之業。

四、順勢而為，扭轉局面

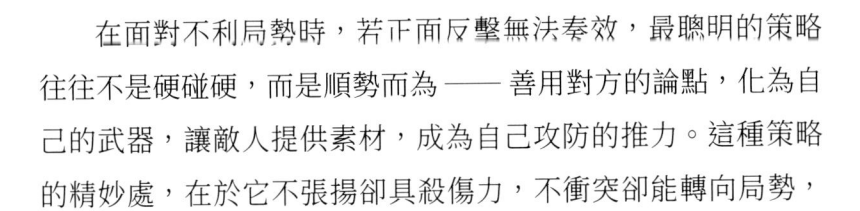

在面對不利局勢時，若正面反擊無法奏效，最聰明的策略往往不是硬碰硬，而是順勢而為 —— 善用對方的論點，化為自己的武器，讓敵人提供素材，成為自己攻防的推力。這種策略的精妙處，在於它不張揚卻具殺傷力，不衝突卻能轉向局勢，

第六章　借力使力

如同借力打力，四兩撥千斤。懂得掌握這種話術與思維的迂迴之道，才是真正的策略家。

話術之外，是局勢的理解與操控

借勢造勢的關鍵並非口才，而是對形勢的洞察與主導。當對手提出有利於己方的言詞或動作，即便原意並非如此，若能轉化其內涵，則可藉此建構對己有利的論述與情境。例如在競爭場上、媒體應對或公共辯論中，能順勢將對手的聲量、邏輯或漏洞轉化為自身優勢，即是進階版的借題發揮，掌握話語權。

2011 年，美國戶外品牌 Patagonia 面臨一項潛在信任挑戰：雖然長期倡議環保，但自家產品依然使用合成纖維與工業化製程，與品牌宣稱的「永續理念」之間存在落差。意識到這點後，Patagonia 並未逃避批評，反而主動出擊，在《紐約時報》(The New York Times) 刊登一整版廣告，標題寫著──「不要買這件夾克」(Don't Buy This Jacket)。

廣告中，Patagonia 呼籲消費者審慎購物，延長既有產品使用壽命，並反思過度消費對環境的影響。這則廣告選在黑色星期五刊出，與當日瘋狂購物潮形成強烈對比，引起全美媒體關注與消費者熱烈討論，不僅強化了 Patagonia 對永續價值的承諾，也進一步拉高品牌聲譽與實際銷售成長。

這場主動揭露與反向操作的行銷策略,讓 Patagonia 不只是賣產品的企業,更成為企業責任與環保理念的表率。它證明,當品牌勇於正視自己的矛盾,反而能贏得更深層的信任。

用邏輯反轉邏輯

2013 年,英國央行決定將英鎊紙鈔上的歷史女性人物伊利莎白・弗賴(Elizabeth Fry)移除,導致未來所有紙幣皆只印有男性肖像。此舉引發社會譁然,作家與社運倡議者卡洛琳・克里亞朵・佩雷茲(Caroline Criado Perez)迅速發起連署與媒體行動,指出性別代表性不平等。當央行試圖淡化此舉只是「紙鈔設計更新」,她巧妙借用央行的公開聲明進行反制,指出既然設計是象徵價值,那女性角色更不該被移除。

她更在多場公開演說中以「你們說這只是象徵,那我就用這象徵來揭露制度不平等」作為核心論點,最終迫使英國央行讓步,決定將小說家珍・奧斯汀(Jane Austen)印上 10 英鎊紙鈔,成為紙鈔上唯一的女性歷史人物。佩雷茲的策略就是典型「借題發揮」,以對方邏輯為依據進行反擊,形塑公共輿論的有利地勢。

第六章　借力使力

造勢思維，來自對人性的深刻理解

群體心理與視覺導向常是造勢的核心。例如，當眾人在市集前排隊搶購某樣商品時，即便路人原本對商品無感，也會因為「大家都要」而產生「物有所值」的心理。這便是商業中常見的造勢操作——利用人們追求稀缺、從眾與錯失恐懼症（FOMO）等心理特性，製造需求與流量。從行銷活動、媒體操作，到談判與人際應對，懂得順勢造局、借力推進的人，往往能在混沌中找到突破口。

善造順勢，方可轉危為機

正如《孫子兵法》所言：「善戰人之勢，如轉圓石於千仞之山。」掌握勢者，不僅能逆轉不利情勢，更能主導節奏與結果。借時造勢的本質，不是操弄，而是洞察趨勢、抓準時機，在對話、競爭、困局之中創造出利己的空間與節奏。這是一種智慧，也是一種修為。

本節重點

- 借勢造勢的核心在於善用現有條件與他人話語,轉化為我方優勢。
- 危機中往往藏有轉機,關鍵在於是否能因勢利導,逆轉情勢。
- 真正的話語掌控者,往往不是聲音最大的,而是最能調動他人意識的那一方。

五、主動推銷自己

在競爭激烈的社會裡,等待他人發掘已不再是可行策略。即使擁有實力與才華,若不主動展現自己,也很難脫穎而出。謙虛本是美德,但過度的低調容易被誤解為缺乏企圖心。尤其在職場與社交圈中,懂得在適當時機為自己加分、提升存在感,反而能讓人印象深刻,增加被看見的機會。

讓實力先被看見

牙買加裔美國設計師艾德文・湯普森(Edvin Thompson)是品牌 Theophilio 的創辦人。他沒有名校背景,也沒有任何時尚產業資源,卻靠著主動投稿、自我行銷,打開了進入主流圈的第一道門。

第六章　借力使力

　　初期他默默寄出自家設計給造型師與時尚編輯，並細心觀察對方風格與偏好，調整作品呈現方式。某次，一位造型師回應了他寄來的樣品，邀請他參與一場重要時尚拍攝。這次曝光成為轉捩點，之後《Vogue》與《The Business of Fashion》陸續報導他，美國時裝設計師協會（CFDA）也將他列為「新世代值得關注的設計師」。

　　湯普森曾說：「我知道我不會被邀請進這個圈子，那我就自己敲門進去。」

　　機會，往往掌握在那些願意主動出聲的人手中。

形象管理，是專業與態度的延伸

　　許多人認為打扮體面只是表面的虛榮，但事實上，形象管理是一種自我尊重與職場策略的綜合展現。穿著得體、舉止穩重，往往在第一印象就建立起他人對你專業度與可信度的判斷。在正式場合中，一身合宜的服裝、一個從容的眼神，都可能讓你比別人更早進入對話與合作的門檻。

　　形象不只是外表，更是一種「態度的外化」。即使只是參加小型聚會或臨時會面，若能花些心思於外觀整潔與談吐得體，便能向外界傳遞「我是個重視他人也重視自己的」訊號，而這樣的人，往往更容易贏得尊重與機會。

五、主動推銷自己

表現自我,並不等於踩低他人

　　自我推銷應建立在真實的基礎上,而非透過貶低他人來抬高自己。有些人常用「反向自誇」來博取注意,例如在他人分享時插話、自貶中帶誇,這種拙劣的技巧只會讓人反感。真正讓人信服的,是坦然展現自己的努力與實力,而非旁若無人地炫耀或踩著他人抬身價。尊重他人,是為自己形象加分的最佳策略。

　　每個有實力的人都可能面臨懷才不遇的時刻,關鍵在於是否願意主動改變。當你選擇站上舞臺,讓別人看到你的價值,也是在對命運發出挑戰。若總是等待他人給你舞臺,你就得承受永遠在場邊的風險。

　　勇於抬高身價、敢於讓自己被看見,不是虛榮,而是一種對未來負責的態度。

本節重點

- 適度為自己做廣告是現代人必備的社交與職場能力。
- 主動行銷自己的實力與成果,有助於創造突破機會。
- 穿著得體與舉止自信是形象管理的一環,也是專業的表現。
- 自我推銷應避免踩踏他人,建立在真誠與尊重的基礎上。

第六章　借力使力

六、乘勢而上

俗語說得好:「好風憑藉力,送我上青雲。」在追求成功的路上,光靠個人努力雖然重要,但若能善用外部資源與他人之力,往往能達成更高的成就,縮短奮鬥時間,提升成功機率。這種策略,正是所謂的「借梯上樓」,亦即透過他人的地位、資源、影響力或信任背書,打開本來難以觸及的大門。

借他人之聲,放大自己的影響

在現代社會中,社會地位、品牌背書、推薦人等常成為「梯子」,讓有實力但尚未被發現的人更快得到關注與機會。人們對名人、權威或機構的信任常會自然轉嫁到他們所認可的對象上。因此,若能爭取到關鍵人物的認可與推舉,便可能改變原本的命運軌跡。

在對的時機被看見

美國詩人阿曼達・戈爾曼(Amanda Gorman)原是洛杉磯一位年輕創作詩人,擁有細膩筆觸與獨特聲音,卻始終鮮少受到主流關注。直到 2021 年,她受邀在美國總統就職典禮上朗誦詩作〈我們攀登的山丘〉(*The Hill We Climb*),一夕之間聲名大噪,

出版邀約與品牌合作接踵而至。

這場劃時代的演出背後,關鍵推手正是美國第一夫人吉兒‧拜登(Jill Biden)。她曾在一場活動中聽過戈爾曼的朗誦,被其才華深深打動,隨後向白宮團隊推薦,促成她成為就職典禮詩人——也是歷來最年輕的一位。戈爾曼事後坦言:「這次機會改變了我的人生,也證明了,在正確的時候,來自對的人一句話,真的可以成為改變命運的風。」

這場發聲,不只是一次文化事件,更是一個象徵:當你準備好,有人願意打開門,那就是命運的轉捩點。

階層與平臺的重要性,不可忽視

即便實力相當,在不同機構與社會平臺中所得到的評價與機會卻天差地別。一位在知名機構任職者,其專業與成果往往較容易被社會認可;而在名聲不彰的單位中,即使表現優異,也可能長期被忽略。因此,懂得借助優勢平臺、爭取進入高能見度的位置,是拓展機會的關鍵一步。

許多才華洋溢的人之所以默默無聞,不是因為缺乏能力,而是缺少被看見的機會與關鍵引薦者。歷史與現實皆證明,「千里馬」若無「伯樂」,也只能繼續拉磨奔走。在現實生活中,我們應積極建立與維繫高價值的人脈關係,讓願意支持你的人成

第六章　借力使力

為「好風」，將你送上更高的舞臺。與其獨自苦撐，不如適時借力，走得穩、也走得遠。

本節重點

- 借助他人資源或影響力，有助於突破原有限制，放大成就。
- 關鍵時刻的推薦或引薦，往往比多年努力更能改變命運。
- 建立高價值人脈網路，是職涯與人生的重要推進力。

七、善用他人資源

俗語說：「大樹底下好乘涼。」若能在你身後有一位具影響力的人物撐腰，不僅能遮風擋雨，更可能帶來資源、信任與機會。這並非諂媚依附，而是一種務實的策略。尤其在個人尚未具備足夠資源或影響力之時，適時借力、尋找支持，是提升自己、突破現狀的明智之舉。

借助強者平臺，縮短前進距離

在現代職場與創業領域，許多人的成功都離不開某個「貴人」的助力。這些人在關鍵時刻提供了平臺、資源或背書，使得

七、善用他人資源

弱小者能有機會站上更高的位置，贏得他人認同，進而達成本來難以企及的目標。

與其一人孤軍奮戰，不如借勢而行，讓自己的努力事半功倍。

一句話，翻轉人生

美國作家塔拉・韋斯特弗（Tara Westover）出身於愛達荷州一個極端保守、拒絕現代教育的家庭，17 歲以前從未進入學校。憑藉自學與堅持，她最終進入劍橋大學取得博士學位，並將自己的生命經歷寫成回憶錄《你當像鳥飛往你的山》（*Educated*）。

這本書甫出版時就受到好評，但真正將她推上全球舞臺的關鍵，是獲得歐普拉・溫芙蕾的青睞。歐普拉不僅將這本書列入她的讀書俱樂部（Oprah's Book Club），還親自採訪韋斯托弗，並公開表示：「這是一本改變人生的書。」隨後，《你當像鳥飛往你的山》登上《紐約時報》暢銷書榜長達數十週，銷量突破數百萬冊，並被翻譯成 40 多種語言，成為全球最具影響力的當代回憶錄之一。

這場由「文化界人樹」歐普拉所點燃的推薦效應，讓一位原本默默無聞的作者，得以被世界看見，也讓她的生命故事成為鼓舞無數讀者的力量。

第六章　借力使力

倦鳥投林，是智慧的休息

每個人在生命歷程中總有低谷，不是每一次跌倒都需要立即振作，有時暫時靠在別人的羽翼下喘口氣，是為了再起飛的準備。當自己資源匱乏、心力交瘁時，加入成熟團隊、接受強者引導，便是一種策略性的「歇蔭」。這不僅讓你避免過度消耗，還能學習並汲取經驗，為未來厚積薄發。

許多創業者在失敗後，選擇回到大型企業任職，不只是為了解決生計，更是為了借助穩定的平臺重建信心與實力。一位臺灣前創業者分享過他的故事：早年投入科技新創，失敗後負債累累，他選擇加入國際企業 Google 臺灣分部。幾年後，他在累積技術、人脈與資本後重新創業，這一次則成功打造出一間 AI 新創公司並獲得國際投資。那段「乘涼」的歲月，成為他東山再起的關鍵。

不是每一棵樹都適合依靠，也不是每一份關係都值得投入。在尋求靠山時，更應重視對方的品格、價值觀與未來性。只有與正直可靠、有成長潛力的「大樹」合作，才能保證自己不會成為他人濫用資源的工具，而是共同前進的夥伴。

本節重點

- 借助具影響力的人或機構,是弱勢者突破現況的重要途徑。
- 在低潮期適時「乘涼」,有助於身心恢復與再起動能。
- 與值得信賴的對象合作,是借力成功的關鍵基礎。

八、學會向外借力

俗語說:「他山之石,可以攻玉。」這句話的道理在於,我們無須凡事從零開始,只要善於觀察他人經驗,便能少走彎路,避免重複犯錯。

現代社會節奏快速,資源分散,單打獨鬥的時代早已過去。從別人的腳印中找出適合自己的路徑,是一種聰明的策略;懂得學習他人成功的關鍵,更是每一位領導者應具備的素養。

尤其對於企業來說,創業初期資源不足、經驗有限,此時若能具備整合外部力量的智慧,便可有效補足內部不足。最優秀的創辦人並非萬事通,而是知道該向誰請教,懂得如何串連他人資源為己所用。正如古人所言:「人事無礙者,善假於物也。」這種善用他力、借人之腦的能力,是成就大事不可或缺的基礎。

第六章　借力使力

靠借力逆襲

以設計協作平臺Figma為例，其創辦人狄倫・費爾德（Dylan Field）在創業之初，既非業界知名人物，也無財力雄厚的背景支持。他在2012年僅是布朗大學的一名學生，甚至為了追求夢想毅然休學。

創業初期，他面臨最大挑戰是如何將構想變成產品，而自己並不擅長寫程式或架構系統。此時，他選擇借助外部的技術專才與創投資源，尤其受惠於彼得・泰爾（Peter Thiel）創辦的Thiel Fellowship──這項專門資助20歲以下年輕人創業的計畫，不僅給予資金支持，更提供強大人脈網路。

費爾德並不因自身限制而自我設限。他積極拜訪業界的資深設計師與使用者，不斷迭代產品原型。當時設計工具如Sketch、Adobe Illustrator等已成主流，但他從設計師的困難中發現一個關鍵痛點──「設計協作效率太低」。這個問題既大且難，他憑一己之力無法解決，於是他主動邀請工程背景強大的朋友伊凡・華萊士（Evan Wallace）加入團隊，兩人一內一外，歷經四年終於推出雲端原生的設計協作工具Figma。產品一經推出即廣受好評，尤其在設計團隊遠距工作成為主流後，Figma更迅速崛起為設計產業的顛覆者。

後續在募資過程中，他不斷請教前輩創業者、投資人，學習

如何談判、管理團隊與塑造企業文化。他從未將自己視為產品最懂的人,而是始終把目光放在「找對人、授予權力」。這種謙卑卻堅定的領導風格,使 Figma 團隊維持高度凝聚力。2022 年,Figma 以 200 億美元被 Adobe 收購,成為當年最轟動的矽谷併購案。

人事得當,比資源更重要

Figma 的成功並不是單憑狄倫・費爾德個人天分,而是他清楚地知道自己要「借誰的石,磨自己的玉」。他從初期創業資金、技術能力、到進入市場、塑造品牌,幾乎每一階段都借重了他人之力。他所組建的團隊並非從屬關係,而是真正的夥伴關係。這不僅體現在他讓工程師與設計師主導核心產品設計,也反映在他給予團隊充分信任與授權。

許多創業者因不懂放權、凡事親力親為,反而耗盡精力、效率低落;相對地,善於發現與培養人才的領導人,即使本身條件普通,也能成就不凡事業。這也正是「借人之長,補己之短」的現代詮釋。

現代企業的資源整合思維

今日的成功,不再只靠財力與產品,而在於誰能最快整合出一個有效的資源網路。無論是策略夥伴、外包專業、顧問顧

第六章　借力使力

問，還是異業合作，若能善用社會資源，便可在競爭中取得先機。就像 Figma 一樣，他們的成長不是來自廣告撒錢，而是建立了一個強大的用戶社群與開發者社群，形成正向迴圈。

這些都提醒我們，「他山之石」不只是個比喻，而是一種必須學會的能力。在資訊爆炸的時代，我們永遠無法掌握所有知識，但只要善於向外求助、主動吸收、靈活整合，就能突破自限、翻轉命運。

本節重點

- 善用他人經驗與外部資源，是突破瓶頸、加速成功的最佳途徑。
- 領導者的價值不在於無所不能，而在於識人用人，懂得整合團隊與資源。
- 從他人之事中學習教訓與啟發，可讓我們走得更穩、更快。

九、借力，也是你的能力

在現代社會的競爭中，單打獨鬥往往難以奏效。若能借助他人之力、利用外部資源，便能在不直接投入高風險的情況下，達成自身的目標。這種「借梯登樓」、「借刀殺人」的策略，

雖聽來頗具權謀色彩，實際上卻是許多企業與領導人在面對艱難局勢時，所採取的務實手段。

美國知名運動品牌 Under Armour 的創辦人凱文‧普朗克（Kevin Plank），在品牌草創初期就充分展現了這種策略手腕。他知道，單憑自己的力量，很難與 Nike、Adidas 等巨頭競爭。因此他選擇繞過正面衝突，轉而借助 NFL（美國國家美式足球聯盟）運動員的影響力與專業聲望。普朗克主動接洽多位美式足球員，請他們試穿 Under Armour 的排汗衣，並邀請運動員在賽後採訪時提及品牌。這些球員因對產品性能的高度認可，紛紛主動推薦，迅速在運動圈引發話題。

這種巧妙借力方式，既節省大筆廣告預算，又有效地建立品牌信任，讓 Under Armour 在短短幾年內從默默無聞的創業公司，躍升為全球知名運動品牌。普朗克不是正面硬拚巨頭，而是運用第三方聲譽作為槓桿，達到擴張市場與品牌知名度的目的，正是「借力打力」的現代典範。

化阻力為助力

除了借助友方之力，有時候也可轉化對手的攻勢為我方的契機，藉敵人之手完成自己的戰略目標。這種策略不僅需要冷靜判斷情勢，更需擅於引導局勢走向對己方有利的方向。

第六章　借力使力

在 2010 年代，荷蘭電信公司 KPN 因市場競爭加劇，原計劃推出自家影音串流平臺以對抗 YouTube 與 Netflix，但試行階段成效不彰，預算壓力亦日漸升高。就在此時，KPN 的策略部門轉而改變思維：與其花費巨資打「正面戰爭」，不如與強者合作。於是 KPN 選擇與 Netflix 合作，將後者的內容整合進自家網路服務與電視平臺中。

這項決策初時受到部分高層質疑，認為「引狼入室」恐怕削弱 KPN 的自主品牌。但 KPN 明白，在無法以內容取勝的情況下，不如利用 Netflix 的品牌效應提升自家寬頻與電視服務的價值，並藉此留住客戶。

結果證明，合作方案推行後，KPN 的流失率顯著下降，還提升了寬頻業務的附加價值。這正是借助「對手」之力化阻力為助力的現代案例。

借力非卑，乃是智舉

在職場或事業發展中，適時「假手於人」並非懦弱無能的表現，而是一種智慧的選擇。尤其在自身資源或影響力有限的情況下，藉助外部力量解決問題、打開局面，有時遠比執著於「親力親為」來得更高效且穩妥。

2008 年金融危機後，愛沙尼亞正面臨嚴峻的財政與經濟重

九、借力，也是你的能力

建挑戰。為加快數位政府改革步伐，愛沙尼亞政府決定邀請多位來自矽谷與歐洲科技領域的資深顧問，擔任「電子公民制度」（e-Residency）規劃顧問，借重他們對於資訊安全與國際數位趨勢的見解。這些非本國籍的顧問團隊，成為愛沙尼亞資訊創新改革背後的重要推手。

藉由這些「外腦」，愛沙尼亞在短短幾年間，建構出全球知名的數位國家模型，吸引了超過 10 萬名全球電子公民，成為小國借力國際專才成功崛起的典範。

本節重點

- 藉助他人之力並非無能，而是一種高明的策略選擇。
- 借敵之力，以敵制敵，可在不正面衝突下達成目標。
- 現代企業與國家，常透過引入外部資源、聲譽與智識，達成事半功倍之效。

國家圖書館出版品預行編目資料

無聲的攻勢，贏的人從不需要喧嘩：靠智慧取勝，而不是聲量；靠格局致勝，而非表現欲！想要成功，先改掉你的那些高調習慣 / 林志華著． -- 第一版． -- 臺北市：財經錢線文化事業有限公司 , 2025.05
面； 公分
POD 版
ISBN 978-626-408-267-9(平裝)
1.CST: 成功法
177.2　　　　　　　　114004954

無聲的攻勢，贏的人從不需要喧嘩：靠智慧取勝，而不是聲量；靠格局致勝，而非表現欲！想要成功，先改掉你的那些高調習慣

作　　者：林志華
發 行 人：黃振庭
出 版 者：財經錢線文化事業有限公司
發 行 者：崧燁文化事業有限公司
E - m a i l：sonbookservice@gmail.com
粉 絲 頁：https://www.facebook.com/sonbookss/
網　　址：https://sonbook.net/
地　　址：台北市中正區重慶南路一段 61 號 8 樓
8F., No.61, Sec. 1, Chongqing S. Rd., Zhongzheng Dist., Taipei City 100, Taiwan
電　　話：(02) 2370-3310　　　傳　　真：(02) 2388-1990
印　　刷：京峯數位服務有限公司
律師顧問：廣華律師事務所 張珮琦律師

-版權聲明

本書作者使用 AI 協作，若有其他相關權利及授權需求請與本公司聯繫。
未經書面許可，不可複製、發行。

定　　價：320 元
發行日期：2025 年 05 月第一版
◎本書以 POD 印製